Kirsten Schulitz

Ganzheitliche

Katzenfibel

Alternativer Ratgeber
für ein glückliches und gesundes Katzenleben

Ganzheitliche Katzenfibel

Alternativer Ratgeber
für ein glückliches und gesundes Katzenleben

Die Informationen und Ratschläge in diesem Buch sind mit aller Sorgfalt zusammengestellt und mehrfach überprüft worden. Dennoch kann eine Garantie nicht übernommen werden. Eine Haftung der Autorin für Schäden irgendeiner Art, die sich direkt oder indirekt aus dem Gebrauch der hier vorgestellten Anwendungen ergeben, ist ausgeschlossen. Bitte nehmen Sie bei ernsthaften Beschwerden Ihrer Katze professionelle Diagnose und Therapie durch tierärztliche bzw. tiernaturheilkundliche Hilfe in Anspruch.

© Kirsten Schulitz

www.Katzenmagie.de
www.Katzensprechstunde.de

Originalausgabe 2009

(für den Buchhandel überarbeitete und erweiterte Ausgabe)

ISBN 9783837092882

Herstellung und Verlag: Books on Demand GmbH, Norderstedt

Widmung

Diese Katzenfibel widme ich allen Menschen, die Ihr Leben liebevoll mit einem Samtpfötchen teilen.

Denn wie heißt es so schön: "Nur wer das Glück hat, sein Dasein mit einer Katze teilen zu dürfen, der ist wirklich reich"...

Und natürlich widme ich dieses Buch auch unseren Katzen Mäuschen, Satan, Mowgli (alle drei für immer in unseren Herzen), Sandy und Mila.

Inhaltsverzeichnis

Vorwort

Liebe Katzenfreundin,
lieber Katzenfreund,

ich freue mich sehr, daß Sie sich für dieses Buch entschieden haben und mehr über unsere kleinen samtpfötigen Freunde wissen möchten.

Ich selber bin seit vielen, vielen Jahren "Katzenmama" und möchte mit diesem Werk Ihnen zum einen meine Liebe zu unseren Stubentigern weitergeben, genauso aber Ihnen noch mehr Verständnis für die doch so sensible Seele unserer Katzen vermitteln – und so Ihnen für ein glückliches und harmonisches Zusammenleben mit unseren Pfötchen alles mir Wichtige ans Herz legen.

Seit mehreren Jahren berate ich im Internet über meine Homepage www.Katzensprechstunde.de menschliche Katzeneltern in allen Fragen über ihre Lieblinge und gebe gezielte und ausführliche Ratschläge sowohl bei allgemeinen Fragen als auch vor allem in den Bereichen Katzenpsychologie und Katzenhomöopathie.

Ich wünsche Ihnen ganz viel Freude an diesem Buch – und ein großartiges, spannendes, glückliches und bereicherndes Leben mit Ihrem Tiger, Samtpfötchen genannt.

Ihre

Kirsten Schulitz

Bin ich bereit für eine Katze?

Bevor Sie endgültig die Entscheidung treffen, Ihre Familie um ein vierbeiniges Samtpfötchen zu erweitern, sollten Sie in Ruhe in sich gehen und für sich und den Rest Ihrer Familie abwägen, ob Sie hierzu wirklich bereit sind.

Treffen Sie bitte nie eine spontane Entscheidung. Nehmen Sie sich die Zeit, alles in Ruhe zu überdenken. Denn wenn eine Katze ins Haus kommt, wird sich einiges bei Ihnen verändern. Sie tragen nun Verantwortung, müssen Ihren Rhythmus vielleicht ein wenig anpassen, auch ein paar Taler mehr im Monat aufwenden, sich auf ein anderes Wesen, ein neues Familienmitglied, ganz neu einstellen.

Und eine Katze kann durchaus ihre 20 Jahre alt werden – Sie treffen also keine Entscheidung für die nächsten Monate, sondern für die nächsten Jahre bis Jahrzehnte. Sie treffen eine Entscheidung für ein großes Teilstück Ihres Lebens, übernehmen eine Verantwortung, die Sie vorher vielleicht noch nicht kannten.

Haben Sie sich dann entschlossen, einem Samtpfötchen ein neues Zuhause zu geben, weil Sie ganz sicher sind, daß Sie für das Zusammenleben mit einem kleinen Tiger wie geschaffen sind, dann wird Ihr Leben um einiges bereichert werden – Sie werden erkennen, daß es ein Glück ist, sein Leben mit einer Katze teilen zu dürfen. Es ist wie ein Geschenk, eine Aufgabe, eine Bereicherung, ein Freude – der Zauber eines erfüllten, glücklichen Lebens mit einer Katze.

Bedenken Sie, daß Sie von nun an immer für Ihr Tier da sein müssen. Weder können Sie spontan lange von Zuhause wegbleiben, noch können Sie so ohne weiteres mehrmals im Jahr Urlaub machen. Notfalls müssen Sie vielleicht sogar auf Ihren Urlaub verzichten, sollte sich niemand finden, der in dieser Zeit auf Ihren Tiger aufpassen kann. Eine Katze wird Ihren Rhythmus verändern, denn es ist nicht garantiert, daß sie immer dann schlafen möchte, wenn Sie gerade müde sind. Und ein Katzenbaby möchte spielen, toben, da ist eine gelegentliche Unordnung natürlich vorprogrammiert. Auch sind unsere Samtpfötchen berüchtigt dafür, daß sie ihren eigenen Kopf haben; und so werden Sie sich sicherlich auch einigen weiteren Aufgaben gegenüber konfrontiert sehen...

Eine Katze braucht Aufmerksamkeit, Zuwendung, Ihre Zeit und Ihre Liebe.

Gerade am Anfang, vor allem dann, wenn Sie noch nicht so erfahren im Umgang mit Katzen sind, sollten Sie offen und lernbereit sein, und natürlich ein wenig Geduld für sich und Ihren Tiger aufbringen. Denn Sie beide müssen zueinander finden, sich "beschnuppern", die Eigenarten des anderen kennen lernen und akzeptieren.

Seien Sie sich bitte bewußt, daß auch später einmal vielleicht jetzt noch ungeplante Veränderungen anstehen könnten (Umzug, neuer Lebenspartner, Familienzuwachs, Trennung, etc.), immer werden Sie diese Situation zusammen mit Ihrem Kätzchen meistern und überwinden müssen.

Auch sollten Sie sich schon jetzt bewußt machen, daß eine Katze so wie wir Menschen oft im Alter mehr Zeit und Pflege benötigen könnte, vielleicht auch erhöhte Tierarzt- bzw. Tierheilpraktikerkosten mit sich bringt.

Gewisse Dinge kann Ihre Katze lernen, ein wenig können Sie sie also erziehen; aber sie wird immer ihren eigenen Kopf behalten, Kompromisse und Akzeptanz werden somit erforderlich sein. Auch können Sie davon ausgehen, daß immer mal wieder Katzenhaare liegen bleiben, beim Toben etwas zerbricht, etc.

Sie wundern sich, daß ich all dies erwähne, vielleicht gar ein wenig „abschrecke"? Ich möchte nur eines ganz ausdrücklich vermeiden: Wenn Sie sich einmal für ein Tier entschieden haben, dürfen Sie es NIE wieder abgeben, nie, egal, was auch passiert! Denn wer einmal die traurigen Blicke im Tierheim gespürt hat, diese Enttäuschung, die Kränkung und Verletzung einer sensiblen Katzenseele – ausschließlich verursacht durch gedankenlose, rücksichtslose oder gar skrupellose Menschen – der wird wie ich alles daran setzen, ein weiteres derartiges Katzenschicksal zu vermeiden.

Wenn Sie sich also absolut sicher sind, daß Sie immer für Ihre Katze da sein werden – was auch immer noch geschehen wird – dann sind Sie bereit, bereit für ein Leben, das erfüllter und glücklicher kaum sein kann: ein Leben mit einem Samtpfötchen, einem Tiger, einer Katze!

Woher kommt meine Katze?

...von Freunden/Bekannten

Es gibt Nachwuchs bei der Katze Ihrer Freunde? Prima! Dies ist mit die beste Möglichkeit, eine Katze aufzunehmen. Denn hier können Sie vorab alles in Ruhe abklären, das Kätzchen mehrmals vorher besuchen, sich also in Ruhe gegenseitig "beschnuppern", etc. Bitte achten Sie darauf, daß Ihr Kätzchen mindestens 6 Wochen, besser noch 8 bis 12 Wochen, alt sein sollte, wenn es die Katzenmutter verlassen muß. Auch wird es Ihren Freunden sicherlich nicht ganz so leicht fallen, die Babys abzugeben, denn die Kleinen waren ja eine ganze Zeit lang bei ihnen, sie haben vielleicht die Geburt mitbekommen, etc. Seien Sie also ein wenig mitfühlend und sensibel. Denn Ihr "Gewinn" ist deren "Verlust". Sprechen Sie viel miteinander und lassen Sie Ihre Freunde mit definitiver Sicherheit wissen, daß es das Kätzchen bei Ihnen mehr als gut haben wird.

...aus der Zeitung

In einem Zeitungsinserat, per Aushang im Supermarkt o.ä. werden Katzen oft "angeboten". Natürlich wird hier zuerst ein telefonischer Kontakt erforderlich sein. Versuchen Sie, sich so bereits vorab ein Bild zu machen, fragen Sie nach Haltung, ggf. Geburt, Grund der Abgabe, Gesundheitszustand usw. Auch hier sollten Sie möglichst Ihre Wunschkatze nicht bei dem ersten Besuch mitnehmen, sondern sich zuerst ein gutes Bild machen, sich beschnuppern, ein wenig Vertrauen aufbauen, sich dann Zeit lassen, alles noch einmal zu überdenken. Fragen Sie in Ruhe nach den Gewohnheiten des Tigers, vielleicht nach Eigenarten und Futtervorzügen. Sollten Sie bei so einer Gelegenheit das Gefühl haben, daß dort Katzen nicht katzengerecht gehalten werden, scheuen Sie sich nicht, intensiv nachzufragen und ggf. Unterstützung anzufordern.

Wenn eine kleine Schutzgebühr bei einer privaten Vermittlung gefordert wird, so ist dies o.k., solange es sich wirklich nur um eine "kleine Gebühr" handelt. Denn diese kleine „Investition" zwingt den neuen Halter, sich zusätzlich den Wert eines Tieres bewußt zu machen; und sie macht klar, daß Tiere Geld kosten – auch in Zukunft, was Futter, Bedürfnisse, Tierarzt, etc. betreffen.

...aus dem Internet

Auch das Internet bietet großartige Möglichkeiten, vor allem „Notfälle" weit zu verbreiten und so jedem Kätzchen, das dringend ein Zuhause sucht, eine Chance zu ermöglichen.

Ein erster Kontakt kann hier natürlich per E-Mail beginnen. Immer aber sollte dann ein persönliches Telefongespräch folgen.

Und wenn irgend möglich, sollte der zukünftige Mitbewohner vorher besucht werden – denn es ist immer besser, wenn man weiß, daß die „Chemie" stimmt...!

Auch wäre es günstig, wenn der bisherige Aufenthaltsort der Katze in der Nähe Ihres Wohnortes liegt. Denn nur so können Sie sich zuerst einmal unverbindlich vor Ort gegenseitig kennen lernen. Gleichfalls ist es natürlich auch für die Katze entspannter, wenn der Weg ins neue Zuhause nicht so weit und somit nicht so „stressig" ist...

...aus dem Tierheim

Kaum etwas ist dankbarer, als einem Tiger aus dem Tierheim ein neues, liebevolles Zuhause zu schenken – aber genauso ist diese Möglichkeit natürlich oft auch nicht die einfachste. Denn eine Katze, die aus dem Tierheim kommt, hat natürlich einiges erlebt, und davon meist nicht nur Gutes, sie wird ganz, ganz viel Liebe, Zuwendung und vor allem Geduld brauchen. Dennoch möchte ich es jedem meiner Leser mehr als ans Herz legen, vor allem an die Katzen im Tierheim zu denken, wenn ein neuer Tiger ins Haus kommen soll. Denn diese Katzen haben es mehr als verdient, endlich wieder die Liebe und Zuwendung zu erhalten, die sie eigentlich brauchen. Fragen Sie im Tierheim so gut wie möglich nach, wie die genaue Vorgeschichte Ihrer Katze ist. Denn je detaillierter Sie ihre Geschichte kennen, umso besser können Sie sich später in sie hineinversetzen und so vielleicht gewisse Ängste und Eigenarten verstehen – und mit ihr zusammen abbauen. Hat eine Katze aus dem Tierheim dann aber irgendwann ihre Scheu überwunden, ist es meist eine der liebevollsten, dankbarsten und treuesten Seelen, die sich Mensch nur wünschen kann.

Tierheime verlangen heute grundsätzlich eine gewisse Aufwandsentschädigung, die durchaus schon einen gewissen Betrag ausmachen kann. Hiermit werden aber i.d.R. genau die angefallenen Tierarztkosten, wie Impfung, Untersuchung, Kastration, etc. gedeckt. Wenn Sie bedenken, daß sich Tierheime ausschließlich durch Spenden finanzieren und ohne all die ehrenamtlichen Helfer nicht existieren könnten, so sollten Sie diesen kleinen Betrag gerne bestreiten, denn Sie unterstützen auch damit das Tierheim und die aufopfernde Arbeit all der Tierfreunde, die ihre Freizeit meist ohne eigene finanzielle Entschädigung für die Tiere investieren.

...aus dem Ausland

Es gibt viele Tierschutzorganisationen, die sich um Not leidende Katzen im Ausland kümmern und den Transport ins Inland organisieren. Vor allem im Internet können Sie hier einige Möglichkeiten finden, einem Tiger aus dem Ausland ein neues Zuhause zu bieten. Genauso aber kann es natürlich vorkommen, daß Sie z.B. im Urlaub auf derartige Organisationen treffen oder sich in einen Tiger verlieben, den Sie mitnehmen möchten. Alle Tierschutzorganisationen, sowohl diejenigen im Ausland vor Ort als auch diejenigen, die per Internet o.ä. übergreifend arbeiten, sind meist sehr gut organisiert und können Ihnen mit Rat und Tat zur Seite stehen und werden Sie bei sämtlichen organisatorischen als auch formellen Fragen unterstützen. Grundsätzlich wird es erforderlich sein, daß die Tiere vor dem Transport ordnungsgemäß geimpft sind. Wenn Sie sich im Urlaub dazu entschließen, einen Tiger, in den Sie sich verliebt haben, mit nach Hause zu nehmen, dann handeln Sie bitte immer ausschließlich im Sinne des Tieres! Wenn Sie sicher sind, daß die Katze ohne Ihre Unterstützung kein katzenwürdiges Leben führen kann, dann greifen Sie ein. Geht es dem Tier aber ansonsten gut, fühlt es sich sichtlich wohl dort, wo es lebt, kommt es mit den gegebenen Umständen gut zurecht, dann akzeptieren Sie dies lieber und lassen Sie die Katze dort weiterhin glücklich in ihrem gewohnten Umfeld leben.

Wenn Sie sich in eine Katze nur per Bild, z.B. übers Internet, verliebt haben und sie nun mit Hilfe einer Tierschutzorganisation o.ä. "einfliegen" lassen wollen, so bedenken Sie bitte, daß ein gegenseitiges "Beschnuppern" vorher natürlich nicht möglich ist. Sie müssen bereit sein, das Samtpfötchen auf jeden Fall so zu akzeptieren, wie es ist – egal ob verängstigt, aggressiv, vielleicht krank oder verschmust, verspielt, etc.

Und natürlich sollten Sie mit der jeweiligen Organisation so intensiv wie möglich in Kontakt stehen. Viele Tiere im Ausland leben ein mehr als unwürdigen Leben. Oft droht den armen Seelen leider auch die Tötung, wenn sie nicht schnell vermittelt werden. Die Tierschutzorganisationen haben es ferner oft nicht gerade einfach, was ihre Arbeit betrifft. Denn in vielen, vor allem südlicheren Ländern, werden Tiere ganz, ganz grausam behandelt; dort ist das Wort "Tierschutz" leider oft ein Fremdwort.

Was den Flug bzw. den Transport selber betrifft, so fragen Sie bitte so gut wie möglich nach, ob hier alles sowohl formal als auch im Sinne des Tieres organisiert ist. Bitte bedenken Sie auch, daß so ein Transport in einer engen Kiste, oft auch im Frachtraum des Fliegers, erheblichen Streß für die Tiger bedeutet. Es sollte auf jeden Fall sichergestellt sein, daß dieser Transport so kurz und reibungslos wie nur möglich vonstatten geht, damit die Pfötchen nicht unnötig belastet werden. Sie sollten alles versuchen, daß Ihre Katze, wenn sie fliegen muß, mit Ihnen oder einer anderen tierlieben Person im Passagierraum mit fliegen kann. So schnell wie möglich nach dem Transport sollte das Kätzchen in sein neues Zuhause kommen, damit es endlich wieder Ruhe haben kann und Liebe, Geduld, Zuwendung und Aufmerksamkeit endlich uneingeschränkt erfahren kann.

Daß Sie hier auch finanziell ein wenig unterstützen müssen, versteht sich von selber. Schließlich entstehen sowohl den Organisationen durch ihre Arbeit als auch durch den Transport selber erhebliche Kosten. Doch nur so kann den Tigern geholfen werden, kann der Tierschutz greifen und funktionieren.

...vom Züchter

Möchten Sie wirklich Geld dafür ausgeben, daß Katzen kein wirklich schönes, katzengerechtes Leben führen können? Wollen Sie wirklich einen Menschen finanziell unterstützen, der seine Einnahmen aus dem Aus- und Benutzen von Tieren bestreitet? Warum werden Katzen gezielt vermehrt, wenn es doch bereits so viele heimatlose Katzen gibt, die sehnlichst ein liebevolles Zuhause brauchen?

Wie Sie richtig lesen, halte ich persönlich überhaupt nichts von Zucht. Einmal aus obigen Gründen, und zum anderen, weil bei gezielter Zucht definitiv ein Eingriff in die Natur vorgenommen wird. Gewünschte Eigenschaften werden gefiltert, gefördert, gezüchtet, unliebsame entsprechend "weggezüchtet". Mehr als traurige Beispiele für Sinn und Unsinn von Zucht sind die Katzen, die zuchtgemäß nicht mehr springen können, damit sie ja nichts kaputt machen, sind die Katzen, die kein Fell mehr haben, damit sie nicht haaren, sind die Katzen, die nur noch lieb und artig und treu sind, weil Mensch dies doch so gerne hat...

Auch jede noch so „liebevolle" und nur „kleine private" Zucht zwingt die Katzenmütter, wieder und wieder Babys zu bekommen. Oft werden die „potenten" Kater, die natürlich nicht kastriert sind, die „Zuchtkater", separat gehalten, weil sie „riechen" (natürlich, sie sind ja nicht kastriert...!), sie dürfen nur dann ins Haus und zu den anderen Katzen, wenn sie „ran müssen".

Schlimmer noch, wenn Katzen einer „Zucht" mit Katzen einer weiteren „Zucht" nur für den Deckungsakt zusammen gebracht werden. Hier kommt es gar nicht so selten vor, daß die Katzendame regelrecht vergewaltigt wird (sorry...).

Die „Krönung" sind dann die Ausstellungen, wo diese sensiblen Wesen nach einer langen Fahrt in Käfigen präsentiert werden, zur Schau gestellt werden...

Und mit jedem Kauf einer gezüchteten Katze unterstützen Sie den weiteren Zuchtbetrieb. Denn solange ein Züchter weiterhin sein Geld durch den Verkauf der Katzen verdient, solange wird er weiter züchten, weiter das Schicksal vieler Tiere dominieren, weiter in die Natur eingreifen. Weiter dürfen diese Katzen nicht einfach nur das sein, was sie sich doch nur wünschen: einfach nur Katze sein... Und das einzig und allein, weil es doch so „einfach" ist, hier Geld zu verdienen...

...sie ist zugelaufen

Ihnen ist eine Katze zugelaufen? Sie hat sich ausgerechnet Sie als ihre neuen Menschen ausgesucht? Wunderbar! Kann es etwas Schöneres geben?

Verstehen Sie es als großes Lob – denn keine Katze wird sich „irgendwen" aussuchen... Unsere Samtpfötchen wissen und spüren ganz genau, wo sie es gut haben werden...

Doch bedenken Sie bitte, daß wenn Ihnen eine Katze zuläuft, diese durchaus ein Zuhause haben könnte. Es könnte Menschen geben, die traurig sind, die weinen, weil sie ihre Katze vermissen.

Sollte Ihnen ein Tiger zulaufen, dann informieren Sie bitte das nächste Tierheim, Tierärzte, machen Sie Aushänge, etc. Denn vielleicht hat sich die Katze nur verlaufen, o.ä. Und wenn sie schon ein Zuhause hat, dann gehört sie dort hin! Es sei denn, sie können dort erhebliche Mißstände auffinden – dann sollten Sie Zeit und Mühe auf sich nehmen, mit den Besitzern sprechen, sich ein genaues Bild machen und ggf. den Tierschutz etc. informieren.

Wenn die Katze einzieht

Grundsätzlich sollten Sie sich am besten ein bis zwei Wochen Urlaub nehmen, wenn ein neuer Tiger ins Haus kommt. So können Sie sich in Ruhe aneinander gewöhnen, und Sie sind Tag und Nacht für ihn da. Er wird Sie brauchen, gerade am Anfang, um sich einzugewöhnen. Und wenn er scheu und ängstlich ist, sich nur zurückzieht und nicht anfassen läßt, alleine Ihre Gegenwart wird ihn beruhigen, ihm zeigen, daß Sie von nun an immer für ihn da sind.

Aber – lassen Sie der Katze Zeit! Haben Sie Geduld, lassen Sie der Katze „alle Zeit der Welt", sich einzugewöhnen, das neue Zuhause zu erkunden, ggf. weitere Mitbewohner, menschliche genauso wie tierische, kennen zu lernen.

Gerade wenn ein Kätzchen ängstlich ist, sich noch nicht traut, nur versteckt – dann seien Sie zwar da, aber akzeptieren Sie diese erste Scheu. Bedenken Sie – es ist alles auf einmal ganz neu!

Seien Sie sicher, mit der Zeit wird die Katze von sich aus kommen, auch auf Sie zukommen.

Natürlich, dies ist sehr unterschiedlich. Der eine Tiger fühlt sich sofort zu Hause, als wäre er nie woanders gewesen. Der andere aber ist ängstlich, scheu, versteckt sich nur – er braucht die Zeit, um für sich selber sicher zu gehen, daß nun alles gut ist. Ihn sollten Sie in Ruhe lassen, ihn von sich aus kommen lassen – und wenn es ein oder zwei Wochen dauert...

Welche Katze paßt zu mir und wie viele?

Soll ich eine **Babykatze** aufnehmen oder einen **älteren Tiger?** Eine Katzendame oder einen Kater? Eine oder mehrere?

Nun, all dies hängt von Ihnen ganz persönlich ab – von Ihren Vorstellungen, Ihren Möglichkeiten, Ihrem Tages- und Lebensrhythmus und natürlich auch von Ihren "Katzenfähigkeiten".

Ein Katzenbaby braucht viel Zeit von Ihnen. Es möchte spielen, toben, beschäftigt werden. Und es muß noch viel lernen – genauso aber können Sie auch von Anfang an zusammen lernen – Katze von Mensch und Mensch von Katze.

Wenn Sie viel unterwegs sind, sich beruflich sehr engagieren, so oft außer Haus sind, dann wird sich ein Katzenbaby mehr langweilen denn freuen. Gehen Sie aber eher einem "geregelten" Leben nach, inklusive einer normalen Anstellung, wo Sie Ihre 8 bis 10 Stunden außer Haus sind, dann wird Ihr Kätzchen diesen Rhythmus durchaus lernen und eh schlafen, wenn Sie nicht da sind.

Eine ältere Katze dagegen tobt i.d.R. nicht mehr Tag und Nacht. Auch kennt sie ja schon so einiges, weiß wie man sich verhalten sollte, was Katzenklo und Kratzbaum sind, etc. Dafür wird eine ältere Katze auch psychisch einiges durchgemacht haben, sei sie nun aus dem Tierheim oder durch andere Umstände zu Ihnen gekommen. Gerade hier müssen Sie oft einiges an "Aufbauarbeit" anbieten. Sie müssen dieser Katze immer wieder beweisen, daß sie nun für immer bei Ihnen bleiben darf, daß sie nicht noch einmal weggegeben wird, daß sie jetzt geliebt wird, daß nun alles gut ist. Hier ist oft ganz viel Geduld gefragt sowie oft einiges an "Katzenpsychologie". So wie Sie Ihren Rhythmus und Ihre Eigenarten haben, so hat auch eine ältere Katze ihre ganz persönlichen Katzeneigenarten. Gerade aber eine ältere Katze ist oft natürlich viel schwieriger zu vermitteln, insbesondere aus dem Tierheim. Insofern tun Sie hier immer sehr, sehr viel Gutes, wenn Sie ihr ein liebevolles Zuhause geben. Und i.d.R. spüren die Tiger das sehr schnell, und danken es Ihnen mit ganz viel Zärtlichkeit und Zuneigung.

Eine "schwierige" ältere Katze sollte eher nur von erfahrenen Katzenmenschen aufgenommen werden. Hält sich ihre Vorgeschichte aber in Grenzen und wird sie von Tierheimmitarbeitern, etc. als nicht

„schwierig" eingeschätzt, so ist eine ältere Katze oft ein großartiger Partner gerade für berufstätige Singles aber auch für ältere Menschen, sprich für alle, die sich nicht einem permanenten Trubel aussetzen...

Katze oder Kater? Nun, wie wir Menschen ist weder Katze gleich Katze noch Kater gleich Kater. Dennoch gibt es, ebenso wie bei uns Menschen, gewisse "typische Grundcharakteristika", die in den meisten Fällen durchaus zutreffen. So sind sehr oft Katzendamen einerseits "artiger", gleichfalls aber auch schneller eifersüchtig und beleidigt, manchmal etwas „zickig". (Interessant, die Parallelen von Katzenreich und Menschleben, oder?...) Kater sind oft turbulenter, "bockiger", manchmal dominant, dafür aber selten so eifersüchtig und extrem auf einen Menschen bezogen wie Katzendamen. Das sind Grundtendenzen, denen aber im Einzelfall natürlich auch immer widersprochen werden kann.

Eine oder mehrere? Hier werde ich später noch einmal detailliert drauf zurückkommen. Was aber die Aufnahme einer neuen Katze in einen katzenlosen Haushalt betrifft, so sollten Sie am besten nur dann zwei Katzen gleichzeitig neu aufnehmen, wenn die beiden sich bereits kennen, mögen und lieben. Sehr schön ist es, zwei Geschwisterbabys aufzunehmen. Denn so wachsen die zwei von Anfang an zusammen auf und kennen es somit nicht anders, als daß sie zusammengehören. Oder aber Sie nehmen aus dem Tierheim zwei Katzen, auch ältere, auf, die bereits zusammen waren oder sich im Tierheim lieb gewonnen haben. Hier machen Sie auf jeden Fall alle glücklich!

Grundsätzlich ist es für viele Tiger meist schöner, mit einer weiteren Katze zusammen zu sein – vorausgesetzt, sie kennt es nicht anders bzw. wächst so auf. Auch wartet es sich zu zweit angenehmer auf seinen Menschen...

Natürlich aber machen auch zwei Babykatzen leicht mehr Arbeit als eine...

Dennoch aber gibt es auch Katzen, die von Natur aus lieber alleine sind und bleiben möchten, die gerne „einzige Prinzessin" bzw. „alleiniger Prinz" sein wollen.

Daher ist es wichtig, sich im Vorfeld gut über den neuen Mitbewohner zu informieren, ihn einzuschätzen und abzuwägen.

Katzennamen

Es gibt unzählige wundervolle Katzennamen. Eine kleine Auswahl meiner ganz persönlichen Favoriten möchte ich Ihnen hier vorstellen:

...Katzendamen:

Arielle	Annie	Arabella	Angel	Amica	Alba
America	Amarena	Aimy	Aria	Annie	Anka
Aida	Amber	Arriba	Alisha	Adele	Aqua
Anny	Abba	Alma	Ara	Anna	Alfa
Bella	Bea	Biene	Baby	Biggy	Boa
Bagheira	Bella	Branca	Buona	Baby	Batida
Beauty	Blacky	Bonita	Baccara	Bambi	Boa
Binka	Betty	Belly	Bianca	Bonny	Bianca
Cindy	California	Charlene	Cinderella	Cosy	Candy
Caramella	Cora	Chacha	Clara	Chessy	Clare
Chacolina	Charming	Cara	Cuore	Chelsea	Chichi
Chica	Chiara	Ciny	Chianti	Clare	Chilly
Daisy	Dolly	Donata	Dia	Donja	Dalia
Dora	Duchessa	Dolce	Dune	Dina	Dolce
Daily	Diana	Donja	Daylight	Dream	Doria
Daria	Dunja	Donna	Dawny	Dia	Della
Emily	Ella	Evening	Elfe	Emmy	Extra
Engel	Easy	Era	Evidence	Eve	Emilia
Elly	Erna	Elba	Elisa	Esther	Ever
Eterna	Eva	Eve	Erla	Elvira	Engelchen
Fiona	Funny	Flocki	Faria	Fairy	Fury
Fleckchen	Fantasy	Fragola	Fee	Flieder	Freedom
Flöckchen	Fancy	Floh	Fantasia	Frieda	Futura
Frosty	Feria	Fräulein	Franzi	Frizzy	Fantasia
Gina	Guapa	Gipsy	Goldy	Gloria	Gira
Grappa	Gunilla	Gila	Ginny	Gitte	Gala
Gianna	Goody	Gorgeous	Gioa	Gundi	Glamour
Gazetta	Gatta	Gondola	Gardena	Goldstück	Gucci
Heidi	Holy	Helloween	Honey	Hanne	Hera
Hexe	Hexchen	Hally	Hanna	Hanni	Halma
Happy	Holly	Hello	Hanka	Hanuta	Hasi
Handy	Heather	Hexa	Hilde	Halma	Hillary

Ira	Igel	India	Isola	Inga	Ida
Idea	Insieme	Idioma	Isolde	Ina	Inchen
Italia	Inka	Iffy	Isy	Ille	Ilse
Isabelle	Irma	Ila	Iara	Ima	Irmchen
Jenny	Jeannie	Juanita	Jelly	Josefine	Jola
Juta	Jolly	Jazzy	Jana	Jazzy	Juli
Jive	Joy	Jane	Julia	Juana	Jule
Jummy	Jersey	Jura	Juni	Joanna	Jizzy
Klara	Kimba	Katty	Kira	Kia	Kitty
Kiwi	Kara	Karla	Koala	Kira	Kiba
Kim	Kosma	Kiddy	Kessy	Komma	Katzina
Kiki	Kenny	Kelly	Kanada	Katy	Kunia
Libera	Lira	Limba	Luce	Leila	Linda
Lucky	Lisa	Luna	Lizzy	Lassy	Lima
Lola	Levina	Lotta	Lorelei	Latina	Love
Lady	Lulu	Lazy	Lambada	Looky	Lucy
Mäuschen	Minka	Mecky	Minki	Mila	Mare
Moonlight	Melody	Mandy	Morning	Molly	Manera
Milka	Mausi	Miau	Mamamia	Mai	Melba
Mora	Mia	Mira	Miele	Mora	Märchen
Nora	Nina	Nanny	Nelke	Natascha	Novanta
Natura	Nunca	Nisa	Nota	Ninchen	Naomi
Neve	Natale	Nele	Nice	Noa	Nea
Norma	Nelly	Netty	Ninja	Niedlich	Nuna
Olympia	Omega	Ombra	Odine	Ola	Okay
Ode	Onda	Ombra	Olga	Ogni	Olily
Olivia	Opera	Omena	Ora	Ottima	Only
Paula	Peggy	Papagena	Pia	Paola	Perla
Pisa	Prinzessin	Princess	Prima	Perry	Prada
Panama	Pagheira	Puma	Paella	Pride	Prila
Panorama	Passa	Polly	Peggy	Penny	Puma
Queeny	Quicky	Quarta	Quadra	Quella	Quanta
Questa	Quindi	Quercia	Queen	Quilly	Qui
Rosa	Rana	Rainbow	Rumba	Rita	Rosenrot
Ria	Rose	Riga	Rimini	Rosalie	Rita
Ralley	Rosine	Regina	Ready	Roberta	Rosita
Ramanza	Rossa	Regatta	Ronka	Rialta	Rehchen
Susi	Sheela	Sissy	Sandy	Sara	Sally
Sabena	Suleika	Sugar	Smartie	Saba	Spiky
Samba	Smiley	Sole	Sarah	Sina	Stella
Sidney	Sweety	Salina	Shadow	Silla	Soraya
Snowy	Sunshine	Speedy	Somalia	Schatzi	Satzi

Scala	Sunny	Sierra	Sirena	Scooty	Skype
Tigra	Thyra	Tamara	Tapsi	Tessy	Tina
Tilly	Tamara	Tiny	Tina	Tissy	Trulla
Tora	Timeless	Tiffy	Tiffany	Tubby	Tea
Tinie	Trica	Tunika	Toga	Tilly	Tuba
Unita	Unica	Udine	Una	Universe	Uni
Ulla	Ukulele	Ulme	Uva	Unicorn	Udele
Unida	Urana	Urmel	Unna	Ulli	Urbana
Viola	Voilà	Vida	Viva	Vita	Very
Vita	Very	Venezia	Valore	Vany	Veilchen
Wilma	Wendy	Whity	Woody	Whoopy	Wanda
Wickey	Wonder	Whisky	Wilma	Windy	Wuschi
Xantippe	Xara	Yuppie	Ypsilon	Yoga	Yola
Zarah	Zora	Zikade	Zingara	Zarina	Zoe

...Kater:

Anton	Alf	Animus	Alibaba	Attila	Amigo
Avanti	Avocado	Azzurro	Aaron	Alfons	Arthur
Antonio	Allegro	Aladin	Ami	Adamo	Almo
Alex	Anno	Andy	Allonso	Alfi	Anton
Baron	Bandit	Benny	Baby	Bubi	Bolero
Baccio	Buono	Bello	Beau	Bursche	Bianco
Biko	Blacky	Balu	Bärchen	Bernd	Baron
Bert	Bonny	Buono	Berry	Bingo	Bonito
Charly	Clown	Clarence	Charming	Chico	Choco
Cuore	Caro	Candy	Calimero	Cudy	Cello
Chopin	Calcio	Cacoa	Campo	Caruso	Capo
Cicero	Cäsar	Chaco	Carlo	Condor	Casper
Curry	Corsaro	Castello	Caramello	Calmo	Caso
Dario	Domino	Donato	Digger	Diesel	Duffy
Daily	Donut	Daylight	Don	Don Juan	Dandy
Dusty	Devil	Donald	Dumbo	Dimitri	Duran
Diego	Dino	Dagobert	Diavolo	Dello	Dieter
Elvis	Evening	Ernie	Eddy	Elton	Ever
Exzellenz	Ernst	Esempio	Estero	Eton	Egon
Ecco	Emilio	Easy	Elias	Emil	Ernesto
Exzelsior	Eon	Epos	Ergo	Ebenso	Ede
Feivel	Fridolin	Felix	Floh	Fury	Fan
Filou	Friend	Franco	Fumo	Fuchs	Fürst
Flöckchen	Flocki	Fleckchen	Francis	Friendly	Friedrich

Friendly	Foxi	Fandy	Futuro	Flecky	Fantomas
Goliath	Guapo	Giusto	Garfield	Galant	Gentle
Goofy	Gatto	Gentile	Gioco	Gentle	Gorgeous
Goldy	Goody	Gorgeous	Gipsy	Guido	Godo
Gelato	Gino	Genio	Gemello	Gunther	Golfer
Hannibal	Holy	Honey	Happy	Hanno	Hektor
Highway	Hobby	Hifi	Hippy	Hover	Highnoon
Hello	Handy	Helloween	Hugo	Homer	Herr ...
Hardy	Hektor	Heino	Heiko	Homy	Held
Igel	Ingwer	Idaho	Impero	Ingo	Isio
Igor	Imperio	Ivan	Io	Imo	Inky
Indio	Ibo	Idol	Iluso	Idealo	Illuso
Ingo	Iksy	Ipsy	Ilan	Ilumno	Island
Jerry	Jimmy	Jelly	John	Jo	Johnny
Joghurt	James	Judo	Junior	Jojo	Jogging
Joy	Juan	Jive	Jack	Jamy	Juno
Jolly	Jeepy	Jersey	Jetset	Jago	Jimny
Kimba	Kim	Kiddy	Kanu	Kunibert	Kissme
Karate	Kayak	Koala	Korte	Kurt	Kelly
King	Karlo	Kino	Kuso	Krümel	Konrad
Krosso	Kermit	Keks	Kecky	Kerner	Knuddel
Luzifer	Lucky	Leo	Lincoln	Life	Lego
Lassy	Lorenz	Leone	Löwe	Little	Lago
Lord	Logo	Lorenzo	Lazy	Lupo	Leon
Lionel	Levis	Lindo	Lightness	Liebling	Limbo
Mickey	Mowgli	Martini	Moses	Mario	Macho
Manitu	Moritz	Mozart	Momo	Manno	Milano
Marschall	Moony	Muchacho	Merci	Manni	Mele
Maxi	Mäxchen	Mecky	Murphy	More	Mellow
Mare	Mikesch	Moonlight	Mexico	Mikado	Mister
Million	Max	Meadow	Monk	Moro	Mucho
Nico	Natale	Neon	Nero	Nanno	Norway
Nathan	Napoleon	Nemo	Nessy	Norbert	Norman
Noce	Nuovo	Nighty	Nanu	Norton	Noname
Nico	Ninja	Nougat	Newton	Noway	Nino
Oskar	Onore	Olmy	Optimo	Odeon	Omni
Obelisk	Obelix	Omen	Otto	Odesso	Olli
Oktober	Orbit	Olymp	Olaf	Orden	Oberst
Olio	Oily	Odeon	Orbit	Otello	Om
Pablo	Paco	Pushkin	Picasso	Paolo	Padrone
Puma	Pinocchio	Pino	Perry	Paul	Paja
Poffel	Papageno	Pascha	Panda	Paule	Paulchen

Pasadoble	Pal	Presto	Puzzle	Pirat	Primo
Quinto	Quino	Quadro	Questo	Quatscho	Quiz
Quasi	Quando	Quicky	Quindi	Qui	Qualmo
Rufus	Romeo	Roger	Regent	Richi	Ready
Richard	Ralley	Ready	Rum	Rudolf	Raudi
Rainbow	Ricky	Raffael	Relax	Rupert	Randy
Radio	Roman	Rabauke	Rudi	Rolf	Rüpel
Satan	Sandy	Sidney	Söckchen	Sellery	Sherry
Smokey	Snowy	Shadow	Sam	Sören	Sweety
Snoopy	Smartie	Sindbad	Sunshine	Socky	Somno
Sweety	Strolchi	Sir	Sole	Seldom	Sir
Speedy	Spiky	Salino	Sunday	Subito	Super
Sugar	Summer	Seldom	Sirkhan	Superio	Schelm
Tigger	Tom	Tarzan	Taifun	Trüffel	Tempo
Titus	Toy	Teddy	Toby	Turbo	Telly
Tiger	Tango	Timeless	Titus	Tom	Talismann
Tiziano	Troll	Tuto	Tinto	Tiger	Tartufo
Urmel	Ufo	Unicorn	Universo	Ubo	Unesco
Udo	Unito	Uno	Ugo	Unsinn	Übermut
Victor	Vario	Very	Vicino	Vici	Vivo
Valore	Verdin	Vino	Vagabund	Vito	Vario
Wum	Woody	Whiskey	Weekend	Wendelin	Wafer
Windy	Werner	Walzer	Windsurf	Winny	Walter
Xaver	Xeno	Yacht	Yoghurt	Yago	Yeti
Zeus	Zacharias	Zucchero	Zar	Zingaro	Zucker

...Pärchen:

Wum und Wendelin
Hänsel und Gretel
Heidi und Peter
Tom und Jerry
Linus und Snoopy
Napoleon und Bonaparte
Kermit und Piggy
Black und Beauty
Tarzan und Jane
Barbie und Ken
Donald und Daisy
Erkan und Stefan
Maja und Willie
Pünktchen und Anton
Tristan und Isolde
Sherlock und Holmes
Don und Juan

Hanni und Nanni
Mickey und Minnie
Prinz und Prinzessin
Speedy und Gonzales
Romeo und Julia
Susi und Strolchi
Ernie und Bert
Max und Moritz
Beauty und Beast
Bonnie und Clyde
Ebony und Ivory
Harry und Sally
Mona und Lisa
Stan und Ollie
Yin und Yang
Cindy und Bert

Katzenbedürfnisse

...Zeit

Ja, eine Katze braucht Zeit – Ihre Zeit! Klar, wir alle (oder die meisten von uns) müssen arbeiten, haben Verpflichtungen, wollen auch einmal etwas unternehmen, in den Urlaub fahren, etc. Das alles ist natürlich auch möglich mit einer Katze – aber es muß geplant werden, organisiert, etc.

So wie Ihre Katze für Sie da ist, so sollten Sie stets für Ihren Tiger da sein. Beziehen Sie Ihr Samtpfötchen in so viel wie möglich in Ihr Leben mit ein, lassen Sie es mit teilhaben! Gerade wenn Sie berufstätig sind, sollten Sie die Momente, die Sie mit Ihrem Tiger verbringen dürfen, ausgiebig ihm widmen, sich mit ihm beschäftigen: schmusen, spielen, etc.

Seien Sie stets für Ihren Tiger da – er braucht Sie genauso, wie Sie ihn!

Beziehen Sie Ihr Kätzchen in Ihren Tagesrhythmus mit ein. Es wird schnell lernen, wann Sie nun einmal außer Haus müssen – dann wird er halt schlafen und sich umso mehr freuen, wenn Sie wieder nach Hause kommen. Bereiten Sie Ihren Tiger vor, wenn Sie das Haus über einen längeren Zeitraum, z.B. die Arbeit, verlassen müssen, reden Sie sanft mit ihm, machen Sie es ihm klar. Er wird es verstehen! Und wenn Sie dann nach Hause kommen, beschäftigen Sie sich intensiv mit ihm! Futter, schmusen, spielen – und schon ist die Welt wieder in Ordnung für Ihr Kätzchen (und Sie)...

Täglich aber sollten Sie Ihrer Katze Momente für Schmusen und Spielen widmen. Ganz nach Eigenart Ihres Tigers wird er schon von selber und von sich aus fordern, wie viel Zeit er jeweils wofür beansprucht...

...akzeptieren, lernen, lehren

Akzeptieren Sie Ihre Katze so, wie Sie ist. Sie tut dies ja auch mit Ihnen...

Ist Ihre Katze ängstlich, akzeptieren Sie dies zum einen, helfen ihr aber gleichzeitig, besser damit umzugehen. Nehmen Sie ihr daher die Gelegenheiten, die ihr Angst machen. Erklären Sie ihr, daß es überhaupt keinen Grund gibt, Angst zu haben. Seien Sie selber hier entspannt und neutral – und Ihre Katze wird Ihre Entspannung spüren, sie übernehmen, die Angst reduzieren.

Ist Ihre Katze schmusig und hängt sehr an Ihnen, dann freuen Sie sich über diese extremen Liebesbeweise und geben Sie ihr die Zuneigung, die sie benötigt.

Ist Ihre Katze scheu, zurückhaltend, läßt sich nicht streicheln, so müssen Sie auch dies akzeptieren. Geben Sie Ihr gleichzeitig Vertrauen, seien Sie für sie da. Aber zwingen Sie ihr nie etwas auf, auch keine Streicheleinheiten oder Schmusestunden, wenn sie nicht möchte. Wenn ihr danach ist, sie sich traut, dann wird sie schon von selber auf Sie zukommen.

Neigt Ihre Katze zu Aggressionen o.ä., sollten Sie auch diesen Charakterzug akzeptieren und natürlich gleichzeitig versuchen herauszufinden, worin diese Aggressionen begründet sein könnten. Versuchen Sie, die Ursache aus dem Weg zu räumen, so daß die Aggressionen nicht mehr auftreten. Bieten Sie dem Tiger gleichzeitig Möglichkeiten an, Herr dieser Aggressionen zu werden, bieten Sie "Abwehrmöglichkeiten", wie z.B. einen flauschigen Ball in Tennisballgröße, an dem Katze sich verkrallen kann, spielen Sie ausgiebig, damit überschüssige Energie abgebaut werden kann. Der Freigang kann hier oft ebenfalls viel Gutes bewirken.

Akzeptieren Sie Ihre Katze, wie sie nun einmal ist. Zwingen Sie sie nie zu nichts. Denn ein Zwang ist für eine Katze etwas ganz Furchtbares, bedeutet extremen Streß, führt meist zu einer Steigerung des ursprünglichen Problems, nie aber zur Lösung!

Lernen Sie von Ihrer Katze! Gerade, wenn Sie noch nicht so katzenerfahren sind, wird Ihre Katze Ihnen von sich aus zeigen, was sie braucht, was sie möchte, was sie wünscht. Seien Sie daher aufmerksam und wachsam...

Genauso muß Ihr Kätzchen natürlich auch von Ihnen lernen. Man kann Katzen durchaus erziehen, wenn man nur früh genug damit anfängt. Mit Erziehung meine ich hier ausschließlich das Aufstellen gewisser "Regeln", mit denen ein Zusammenleben harmonisch gewährleistet ist.

Wenn Sie nicht möchten, daß Ihre Katze bettelt, so sollten Sie ihr von Anfang an nie etwas vom Tisch geben. Wenn Sie nicht möchten, daß Ihre Katze auf dem Tisch sitzt, so sagen Sie bei jedem "Versuch" sanft aber bestimmt "Nein" und setzen die Katze sanft wieder herunter. Wenn Ihre Katze das Katzenklo nicht akzeptiert, sagen Sie ebenfalls bei jedem Fehltreten sanft aber bestimmt "Nein" und setzen Sie sie sofort zeitlich nach dem Fehltreten in ihr Katzenklo. Sollte in diesem Sinne Ihre Katze jedoch aus anderen Gründen unsauber sein, so gilt es hier jedoch, diese Ursache herauszufinden und sie so zu verändern, daß die Katze besser damit zurecht kommt und somit nicht mehr unsauber ist.

Ganz wichtig ist in dieser Hinsicht aber auch, daß Sie alle positiven Situationen, wo Ihre Katze in den entsprechenden Situationen artig ist, deutlich loben – mit Worten und ggf. auch mit einem Leckerlie.

Katzen lernen durch Routinen. Wenn ihr Freßnapf immer an der gleichen Stelle steht, dann wird sie schnell lernen, daß es genau dort nur Futter gibt. Wenn Sie immer zur gleichen Zeit aufstehen, aus dem Haus gehen, wieder nach Hause kommen, wird Ihr Kätzchen diesen Rhythmus ebenfalls sehr schnell übernehmen und sich Ihren Zeiten anpassen. Diesen Rhythmus, diese Routinen, können Sie auf recht viel übertragen. Ihre Katze wird es schnell lernen und akzeptieren – denn es bleibt ja immer gleich.

Schwierig ist eine gewisse Erziehung dann eher bei Dingen, die der Katze absolut "gegen den Strich" gehen... oder auch wenn Sie es vorher anders gelernt hat, dies nun aber verboten ist. Somit können Sie einer Katze, die als Baby zu Ihnen kommt, fast alles beibringen und sie auch "erziehen". Ist die Katze schon älter und soll dann etwas Neues lernen, wird es schwierig, vor allem, wenn Sie der Katze etwas aus ihren Augen Liebgewonnenes abgewöhnen möchten... Ebenso schwierig ist es, wenn eine andere, ältere Katze, immer wieder als "schlechtes Beispiel" vorangeht...

Daß ich hier nur kleinere Dinge mit "Erziehung" meine, versteht sich hoffentlich von selber! Denn oberstes Gebot sollten immer die Natur der Katze und ihre eigentlichen Bedürfnisse sein...!

...Routine

Ich kenne kaum ein Wesen, das so ihren täglichen gleichen Rhythmus braucht, wie eine Katze... Glauben Sie mir, Ihre Katze wird am glücklichsten sein, wenn sich nie etwas ändert....

Alles müßte somit stets so bleiben, wie es ist: die gleichen Menschen, das gleiche Umfeld, die gleichen Mitbewohner, die gleichen Möbel, die gleichen Zeiten, der gleiche Tagesrhythmus, alles stets an der gleichen Stelle und zur gleichen Zeit...

Natürlich ist dies nicht möglich! Dennoch sollten Sie dieses Phänomen bitte stets bedenken, wenn eine Veränderung im Raume steht. Jede Veränderung bedeutet für unsere Tiger meist Streß. Und Streß bringt sie aus dem Gleichgewicht, kann sogar krank machen.

Natürlich wird unser Tiger ebenso wie wir mit Veränderungen konfrontiert werden. Stehen nun Veränderungen an, und können Sie diese ein wenig beeinflussen, dann sollten Sie stets versuchen, diese nicht abrupt sondern nach und nach bei Ihrem Tiger einzuführen.

Gleichfalls kann sich eine Katze natürlich auch an "permanente Veränderungen" gewöhnen. Eine Katze, die fremde Besucher nicht gewöhnt ist, wird meist das Weite suchen, wenn unerwartet Besuch aufkreuzt. Ist eine Katze dagegen permanent Trubel und Freunde ihrer Menschen gewöhnt, dann kennt sie es ja nicht anders, wird sich vielleicht erst mit ganz vielen Personen so richtig wohl fühlen.

Ist es eine Katze gewohnt, daß Sie morgens täglich um 6:00 Uhr aufstehen, dann wird sie Sie garantiert ganz aufgeregt wecken, sollten Sie auf einmal frei haben und um 7:00 Uhr immer noch im Bett liegen. Nebenbei, Katzen lernen auch, daß es so etwas wie "Wochenende" gibt, wo der tägliche Rhythmus unterbrochen wird – in einen anderen Rhythmus...

Sind Sie dagegen jemand, der täglich zu einer anderen Uhrzeit aufsteht, dann wird Ihr Kätzchen in dieser Hinsicht garantiert genauso flexibel sein wie Sie.

Ihre Katze fühlt sich somit immer dann wohl, wenn alles so ist und bleibt, wie es schon immer war. Wird diese Regel unterbrochen, müssen Sie dies bitte aus Sicht Ihres Tigers berücksichtigen und Ihrem Samtpfötchen behutsam beibringen (mit Ruhe, Feinfühligkeit und Geduld), so daß es schnell erkennt, daß trotzdem alles weiterhin in Ordnung ist.

...spielen

Klar, eine Katze will spielen! Und das sollten Sie auch täglich ausgiebig mit ihr! Klar ist auch, daß junge Katzen hier ein größeres Bedürfnis haben als ältere... Aber auch ältere Katzen, die dazu neigen, ein wenig träge zu werden, sollten immer mal wieder von Ihnen zum Spiel animiert werden.

Aber auch hier sollten Sie stets anbieten, nie aufzwingen. Versuchen Sie herauszufinden, wie und was Ihr Kätzchen gerne spielt. Der eine tobt gerne rigoros durch die Wohnung, der andere bleibt lieber auf dem Rücken liegen und fängt mit den Pfötchen...

Zeit zum Spiel mit Ihrem Tiger sollten Sie aber immer übrig haben; denn dies ist ein absolutes Grundbedürfnis.

Vielleicht zeigt Ihnen ja auch Ihr Tiger, welches Spiel er klasse findet...?

Im übrigen sind oft die einfachsten Spielsachen die schönsten für die Katzen... Es muß also nicht immer das teure Katzenspielzeug sein. Ganz wunderbar kann man auch Papierknäuel trullern, aus Alufolie einen Ball basteln, Wollknäuel werfen, aus Kartons eine Höhle bauen, etc.

Mein Lieblingstipp für bewegungsfaule Katzen: Trullern Sie Leckerlies welcher Art auch immer durch die Gegend! Ich garantiere Ihnen, auch die faulste Katze wird sie jagen – denn eine bequeme Katze ist meist auch ein wenig verfressen... Und schon bewegt sich Ihr Tiger automatisch, jagt einem Leckerlie nach dem nächsten nach - Sie werden staunen!

...Kratzbaum

Natürlich, eine Katze benötigt eine Möglichkeit, ihre Krallen gelegentlich abzuwetzen. Und hierfür gibt es im Handel eine Vielzahl verschiedener Angebote, von Kratzmatte über Kratzhaus bis zum überdimensionalen Kratzbaum. Irgendetwas in dieser Art sollten Sie sich insofern auf jeden Fall anschaffen. Und je mehr Möglichkeiten Ihre Katze hat, sich die Krallen an einem katzengerechten Gegenstand zu wetzen, umso größer ist die Chance, daß Ihre weiteren Möbelstücke verschont bleiben... Allerdings möchte ich Sie auch gerne warnen, denn meistens finden unsere Tiger gerade diejenigen Gegenstände zum Kratzen viel geeigneter, die eigentlich so gar nicht dafür gedacht sind...

...Katzenklo

Wenn Ihr Tiger nicht ein typischer Freigänger ist, der natürlich nur das große Katzenklo draußen mit Vorliebe benutzt, dann ist die Anschaffung eines Katzenklos ebenfalls unumgänglich.

Ab zwei Katzen im Haus sollten Sie auch mindestens zwei Katzenklos parat halten. Sollten Sie ferner entdecken, daß auch Ihr Kätzchen, wie viele andere auch, gerne ein Katzenklo für das eine Geschäft und ein weiteres Katzenklo für das andere Geschäft benötigt (Sie werden es an einem gewissen Fehlverhalten bemerken...), ist auch bei nur einer Katze ein zweites Katzenklo die beste Lösung.

Ist Ihre Katze grundsätzlich, was ihr Katzenklo betrifft, ein wenig empfindlich, sollten Sie die Katzenklos getrennt von einander aufstellen, am besten auch jeweils an einem ruhigen Ort. Denn die meisten Tiger erledigen ihr Geschäft gerne ungestört und in Ruhe. Insofern sollten sie die Möglichkeit haben, daß sie weder von einem Menschen noch von einem weiteren Tiger gestört werden können.

Nie aber sollten Katzenklo und Freßnapf zusammen oder in der Nähe stehen! Denn Katzen sind sehr saubere Tiere – und Sie möchten ja auch nicht im Badezimmer essen, oder?

Was das Katzenstreu betrifft, so ist dies eine reinige Geschmacksfrage. Probieren Sie am besten verschiedene Angebote aus, und entscheiden Sie sich dann für das Streu, das Ihnen am meisten zusagt. Auch das Preis-/Leistungsverhältnis sollte hier nicht verachtet werden... Aus ökologischen Gesichtspunkten sind natürlich Streus auf natürlicher Basis vorzuziehen.

Auch gibt es Katzenklos mit und ohne Haube; es gibt normale Größen und riesige Katzenklos, etc.

Was die Reinigung betrifft, so sollen Sie Kot und Urin immer sofort entfernen. Bei Wohnungskatzen würde ich das Klo einmal die Woche komplett reinigen, bitte nur mit heißem Wasser, ohne Reiniger (denn Restreiniger kann sich mit Resturin verbinden und dann für die Katze nach fremder Katze riechen...), das Streu dann neu auffüllen.

...frische Luft

Wenn Sie die Möglichkeit haben, Ihren Tiger raus zu lassen, so ist dies auf jeden Fall die beste Alternative. Mehr hierzu aber später. Grundsätzlich hat eine Katze genauso das Bedürfnis nach frischer Luft wie wir Menschen auch. Ein Balkon ist somit die nächste gute Möglichkeit, Ihrem Tiger sowohl frische Luft als auch die wohltuenden Sonnenstrahlen zu gönnen – und natürlich den Ausblick auf Vögel und weitere interessante Dinge...

Einen Balkon können Sie wunderbar katzensicher mit einem Katzennetz o.ä. ausstatten. Und dies sollten Sie auch grundsätzlich vorsichtshalber tun. Denn Katzen sind nun mal von Natur aus neugierig...

Haben Sie weder die Möglichkeit, Ihrer Katze den Freigang zu gönnen noch einen Balkon, so sollten Sie zumindest ein Fenster mit einem „spannenden Blick" auswählen, dieses mit einem Fliegengitter und/oder Katzennetz katzensicher abdichten – und dieses Fenster für Ihre Katze immer mal wieder komplett öffnen. Ihr Tiger wird es Ihnen danken!

Ernährung

Grundsätzlich sollten Sie Ihrem Tiger lieber mehrere kleinere Portionen am Tag anbieten denn eine oder zwei große. Denn was für uns Menschen im Grundsatz als gute gesunde Ernährung zutrifft, das gilt im großen und ganzen auch für die Samtpfötchen. Und gerade Babykatzen sollten lieber mehrmals täglich kleinere Portionen bekommen, denn so ein kleiner Magen kann natürlich nicht soviel auf einmal vertragen, braucht gleichfalls regelmäßig eine Mahlzeit...

Wenn die Nahrungsaufnahme bei mehreren Tigern im Haus kontrolliert werden muß, so ist es immer am besten, wenn jedes Kätzchen einen eigenen Napf hat und es gewohnt ist, auch nur diesen anzurühren. Wenn Sie auf diese Variante umstellen wollen, so sollten Sie anfangs stets dabei bleiben und notfalls „eingreifen", sollte ein Kätzchen seinen Napf bereits geleert haben und nun selbstbewusst an den des anderes gehen...

...Fleischfresser?

Katzen sind (leider) reine Fleischfresser.

Ich selber, als überzeugte Veganerin, bedaure diese Tatsache natürlich sehr, denn es liegt mir sehr am Herzen, in keinster Weise für den Tod eines Tieres verantwortlich zu sein. Dennoch ist und bleibt es eine Tatsache, daß unsere Katzen Fleischfresser sind, keine Vegetarier, keine Allesfresser.

Dennoch gibt es auch Katzen, die rein vegetarisch ernährt werden, denen es prächtig geht!

Und ich bin überzeugt davon, daß eine fachkundige und ausgewogene vegetarische Katzenernährung allemal besser und gesünder ist als das herkömmliche industrielle Katzenfutter...

Bei einem Katzenkind kann man daher durchaus versuchen, wer mag, es von Anfang an an eine rein vegetarische Ernährung zu gewöhnen.

Bei älteren Katzen aber gestaltet sich eine Umstellung in dieser Hinsicht als äußerst schwierig bzw. eher aussichtslos. Aber – auch hier gibt es natürlich Ausnahmen...!

...Abwechslung

So wie bei uns Menschen, so ist auch für unsere Tiger eine abwechslungsreiche, ausgewogene Ernährung die beste. Gerade wenn Sie einen jungen Tiger Zuhause aufnehmen, können Sie ihn am besten von Anfang an daran gewöhnen, verschiedene Futtersorten anzunehmen. Denn wenn eine Katze sich erst einmal an nur ein ganz bestimmtes Futter gewöhnt hat, dann ist es oft äußerst schwierig, ihr auch etwas anderes zu füttern.

Bieten Sie also stets verschiedene Sorten und Marken an. Sicherlich wird Ihr Tiger ihnen schon bald zeigen, daß es das eine Futter lieber mag als so manch anderes, aber je abwechslungsreicher Sie von Anfang an füttern, umso weniger wählerisch wird Ihr Tiger später sein.

Gerade im größeren Tierfachhandel gibt es eine immense Anzahl an unterschiedlichen Produkten, sowohl was Inhalt und Verarbeitung betrifft, als auch natürlich den Preis...

...Trockenfutter

Trockenfutter ist leider die unnatürlichste und somit ungesündeste Ernährung überhaupt und kann für sich zu diversen Beschwerden führen.

Daher sollten Sie so wenig Trockenfutter wie nur möglich anbieten, wenn überhaupt. Dies gilt auch für jedes so genannte „Spezialfutter" als auch für jedes angeblich „hochwertige" Trockenfutter.

Es ist eine traurige Tatsache, daß ein Zuviel an Trockenfutter gerade bei kastrierten Katern oft zu Harngrieß, etc. führen kann. Aus meinen Beratungen kann ich nur immer wieder bestätigen, daß Katzen, die unter Harngrieß, etc. leiden garantiert viel bis ausschließlich Trockenfutter erhalten...!

Ich kenne ferner mehrere „Fälle", wo ein Tiger „kränkelte" und alleine aufgrund der Futterumstellung von Trocken- auf Naßfutter eine erhebliche gesundheitliche Besserung auftrat!

Auch die Tatsache, daß eine Ernährung per Trockenfutter den Flüssigkeitsbedarf deutlich erhöht, bestätigt die unnatürliche Ernährungsform. Denn dies zeigt, daß Trockenfutter in den natürlichen Körperhaushalt der Tiger eingreift. Nebenbei – eine gesunde Katze, die kein Trockenfutter bekommt, trinkt nicht! Denn Katzen decken ihren Flüssigkeitsbedarf ausschließlich über das Futter...

Gerade Trockenfutter ist oft mit Schuld an schlechten Zähnen, Zahnstein, etc. Somit ist es auch falsch, Trockenfutter zu geben, damit die Zähne etwas „zu beißen" haben. Dieses „zu beißen haben" können Sie natürlicher anbieten, indem Sie immer mal wieder rohes (Bio-)Fleisch zusätzlich anbieten.

Allerdings ist es oft eine schwierige Aufgabe, einen an Trockenfutter gewöhnten Tiger wieder umzustellen. Sollte Ihre Katze hierzu gehören, so sollten Sie dennoch zuerst austesten, ob sie nicht doch von sofort an ausschließlich Naßfutter annimmt. Wenn nicht, stellen Sie nach und nach um. Ein sehr guter Trick ist, stets wenige Trockenfutterstückchen über das Naßfutter zu streuen, als Anreiz, mehr aber nicht...

Und schließlich die hartnäckige Lösung: irgendwann wird Ihr Tiger vom Hunger so übermannt werden, daß er auf einmal gar nicht mehr so auf sein Trockenfutter besteht, wenn Sie ihn konsequent dies nicht anbieten – und so wird er irgendwann alleine durch seinen Hunger feststellen, daß das neue Futter gar nicht so übel ist...

Wenn Sie tagsüber nicht Zuhause sind, brauchen Sie ebenfalls kein Trockenfutter für den Tiger stehen lassen, damit er sich bedienen kann, wenn Sie nicht da sind, er aber etwas knabbern möchte... Seien Sie sicher: Er wird nicht verhungern! Geben Sie ihm dann lieber morgens direkt nach dem Aufstehen sein Futter und noch einmal eine kleine Portion, bevor Sie das Haus verlassen. Und verwöhnen Sie ihn dann nach Ihrer Rückkehr ebenfalls sofort mit seinem Futter, und dann noch einmal, bevor Sie ins Bett gehen. Ich versichere Ihnen, an diesen Rhythmus wird er sich schnell gewöhnen. Schließlich schläft er mit großer Gewißheit eh die ganze Zeit, wenn Mensch nicht da ist...

...industrielles Feuchtfutter

Jedes herkömmliche Fertigfutter wird auf Basis von Schlachtabfällen hergestellt, die für den menschlichen Verzehr nicht geeignet sind. Würde ich nun hier weiter ins Detail gehen, würde sich Ihnen, sorry, der Magen umdrehen...

Es kam sogar bereits vor, daß Fleischbestandteile von Hunden und Katzen im Fertigfutter gefunden wurden...

Und – unsere Katzen sind keine Kannibalen...

Ferner enthalten viele Futtermarken, insbesondere leider auch gerade die großen bekannten Marken, ungesunde Zutaten wie Zucker (Caramel), Farb- und Konservierungsstoffe.

Es ist eine traurige Tatsache, daß Katzen genau die gleichen „Industriekrankheiten" bekommen wie wir Menschen: Diabetes, Niereninsuffizienz, Herzprobleme, Allergien, Arthrose, etc.

Mit Hauptursache dieser Beschwerden ist eine ungesunde Ernährung – bei uns Menschen genauso wie bei unseren Katzen.

Eine Katze in der freien Natur, so wie jedes andere Wildtier, wird an diesen „Ernährungskrankheiten" nicht erkranken!

Und genau daher ist es so wichtig, unsere Katzen wirklich natürlich und gesund zu ernähren...

..."Spezialfutter" und Leckerlies

Es gibt im Handel Futter für Katzenkinder, für „Senioren", für Diabetikerkatzen, für nierenkranke Katzen, für dicke Katzen, etc.

Es gibt Leckerlies in Rot, in Gelb, in Grün; es gibt Bits für gesunde Zähne, gegen Zahnstein, gegen Haarballen, etc.

Gibt es in der Natur all dies? Gibt es Spezialmäuse für Katzenkinder, Spezialmäuse für ältere Katzen?

Nein!

All diese Sonderfuttersorten sind eine Erfindung der Industrie; denn der Mensch, der Katzenhalter soll es ja kaufen (nicht die Katze selber...).

Immer aber ist eine gesunde und natürliche Ernährung die beste Ernährung. Und dann braucht man sich auch keine Gedanken um Spezialfutter machen, wenn die Katze gesund ist...

Gerade „Leckerlies" enthalten leider oft Zucker, Farb- und Konservierungsstoffe...

...Selbstgekochtes

Eine gute Idee, zumindest ein Kompromiss, besser als das industrielle Katzenfutter, leider aber auch nicht perfekt. So aber können Sie zum einen zumindest steuern, was genau in dem Futter ist, das Ihr Tiger frisst... und auch kann dies eine durchaus preisgünstige Variante sein. Leider jedoch gibt es hier zwei erhebliche Nachteile: 1. Ihr Samtpfötchen wird Ihre Kreation mit großer Sicherheit nur dann anrühren, wenn er es von klein auf gewöhnt ist. 2. Es kostet Sie vor allem Zeit.

Sie können aber im Kleinen anfangen und z.B. ein wenig Gemüse wie z.B. Mais und Karotten (gekocht) unter normales Dosenfutter mischen sowie z.B. ein gekochtes Ei, Reis, Kartoffeln, etc.

Es gibt viele gute Bücher, die hier interessante Rezepte vorstellen. Versuchen Sie es! Aber seien Sie nicht enttäuscht, wenn Ihr Tiger so gar nicht dankbar für Ihre neue Idee ist...

Dennoch – eine wirklich gesunde Ernährung ist immer die Rohernährung! Denn nur alles Rohe enthält alle wichtigen Vitamine, Mineralien, etc.

Jede gekochte Nahrung ist leider „tote" Nahrung; dies gilt für jedes industrielle Katzenfutter genauso wie für Ihre liebevoll selbst gekochte Mahlzeit.

...die perfekte Katzenernährung

...sind, leider, lebende Mäuse und Vögel. Denn dies ist die natürliche Ernährung unserer Katzen, und somit die beste und gesündeste.

Wollen wir selber nun unsere Katzen so gesund wie möglich ernähren, müssen wir versuchen, diese natürliche Ernährung so gut wie möglich nachzuahmen. Gleichfalls bedeutet dies, je mehr wir von dieser natürlichen Ernährung abkommen, umso ungesünder ernähren wir unsere Katzen...

Die perfekte Ernährung, die wir Menschen unseren Katzen gewähren können, wäre daher die komplette Rohernährung. Dies wird auch BARFen (Biologisch Artgerechtes Rohes Futter – Bones And Raw Food) genannt.

Wenn Sie dies für Ihre Katze umsetzen möchten – prima. Ich ganz persönlich, als Veganerin (...), kann mich hierfür jedoch nicht begeistern, denn es beinhaltet die Fütterung von rohem Fleisch, Knochen, Innereien, etc. – denn es muß die ganze arme Maus ersetzt werden.

...der gute Kompromiß

...den ich persönlich favorisiere und in meinen Beratungen i.d.R. immer weiterempfehle, ist ein Mix aus Fertigfutter ohne ungesunde Zutaten mit rohem (Bio-)Fleisch.

Sie sollten sich angewöhnen, sich bei industriellem Fertigfutter immer genau die Inhaltsstoffe durchzulesen. Kaufen Sie nur noch Feuchtfutter OHNE Zucker (ohne Karamell, was auch Zucker ist), ohne Farb- und Konservierungsstoffe. Im größeren Fachhandel und auch im Internet finden Sie ein sehr gutes Angebot. Selbstverständlich ist auch hier der Biobereich immer die bessere Wahl.

Geben Sie immer wieder andere Sorten und Marken Feuchtfutter, so gewähren Sie zum einen eine gute Abwechslung, zum anderen können Sie dann eher sicher gehen, daß die Katze wirklich einigermaßen alle erforderlichen Stoffe, Vitamine, etc. erhält.

Da die beste Katzenernährung die Rohernährung ist, sollten Sie den Katzen auch immer mal wieder rohes Biofleisch (z.B. Pute, Hühnchen) in kleinen Stücken geben bzw. unter das Feuchtfutter mischen. Sie können auch immer mal wieder fein geraspeltes rohes Obst und Gemüse untermischen (z.B. Apfel, Möhre, Zucchini, Brokkoli, Kresse, grünes Blattgemüse - immer nur eine Sorte pro Mahlzeit!) sowie Bierhefeflocken (grundsätzlich gut für ein schönes Fell, schöne Haut, gegen Parasiten) oder auch Kokosflocken (hat sich bewährt gegen Würmer).

Probieren Sie aus, was die Katzen annehmen und mögen. Wenn Sie umstellen, am besten nach und nach. Beginnen Sie also mit einer kleinen Menge des "Neuen" untergemischt in "alt Bewährtes" und steigern Sie die Menge des „Neuen" nach und nach. Zum einen müssen sich Körper und Geschmackssinn selber ja umstellen, zum anderen sind gerade unsere Katzen meist von Natur aus nicht so einfach umzustellen.

Bleiben Sie aber „hartnäckig", bleiben Sie „am Ball". Denn eine gesunde Ernährung ist die beste Basis für ein langes, gesundes Katzenleben...

...verboten

Absolut verboten für unsere Katzen sind:

- **Aspirin** (einzige Ausnahme: Ihr Tiger leidet an z.B. einem steifen Beinchen o.ä., verursacht durch mangelhaften Blutfluß. Nach Rücksprache mit Ihrem Tierarzt (!) könnte dieser in diesem Fall Aspirin verordnen, denn die Inhaltsstoffe verdünnen das Blut, bringen es also wieder zum Fließen.)

- **Schweinefleisch**

- **Gewürze**

...Vorsicht Gift

Zwar sind Katzen i.d.R. intuitiv clever und meiden, was ihnen nicht gut tut. Dennoch sollten Sie – gerade bei Babykatzen – darauf achten, daß Ihr Kätzchen nicht mit Giftstoffen wie Putzmittel, etc. in Berührung kommen kann.

Viele Pflanzen gelten auch als äußerst giftig für unsere Stubentiger. Aber auch hier möchte ich aus eigener Erfahrung behaupten, daß sie an diese Pflanzen gar nicht erst rangehen. Sollte Ihr Kätzchen an einer Pflanze oder Blume geknabbert haben und danach Reaktionen wie Übelkeit, Erbrechen, Lustlosigkeit, vermehrter Durst o.ä. Auffälligkeiten zutage bringen, sollten Sie diese Pflanze natürlich umgehend aus dem Umfeld Ihres Samtpfötchens entfernen (und selbstverständlich ggf. Ihren Tierartz/-heilpraktiker aufsuchen).

Was grundsätzlich das Anknabbern von Pflanzen betrifft (finden unsere Tiger oft sehr spannend), so können Sie hier am besten Abhilfe schaffen, indem Sie stets frisches Katzengras anbieten. Dieses können Sie im Blumenladen entweder fertig kaufen oder auch selber ziehen per Samen (Hafer). Nebenbei ist Katzengras für die bessere Verdauung der Haare eh empfehlenswert...

Aber auch ätherische Öle, so schön diese duften, können unseren Tigern mehr schaden als gefallen. Vermeiden Sie im Sinne Ihres Kätzchens lieber diese Duftvarianten.

Fellpflege

...saubere Tiere

Unsere Stubentiger sind äußerst saubere und reinliche Tiere. Oder kennen Sie ein anderes Tier, das sich selber so gründlich, regelmäßig und intensiv putzt?!

Insofern ist hier im Normalfall überhaupt keine Unterstützung unsererseits erforderlich.

Und wenn Ihr Tiger ein Freigänger ist und wieder mal vergessen hat, sich vor dem Eintreten die Pfötchen zu putzen, dann können Sie ihm schon beibringen, daß Sie ihm dann stets sanft die Pfötchen abreiben, bevor er durch die ganze Wohnung läuft...

Vergessen Sie bitte jeglichen Gedanken, daß eine Katze ab und zu gebadet werden müßte!!! Dies ist absolut niemals erforderlich! Denn, wie gesagt, unsere Stubentiger sind von Haus aus sehr reinlich, und ihre eigene Fellpflege reicht absolut aus; weitere (Bade-)maßnahmen sind absolut überflüssig. Mal ganz davon abgesehen, daß Katzen selten Wasserfans sind und so ein jedes Bad erheblicher Streß bzw. Quälerei für die Samtpfötchen ist.

...Katzengras

Unser kleiner Tiger nimmt beim Putzen natürlich automatisch so einige Katzenhaare mit auf. Damit sein Magen diese besser verdauen oder wieder erbrechen kann, können Sie ihm stets frisches Katzengras anbieten. Wie oben schon erwähnt, können Sie dies im Blumenladen fertig kaufen, oder aber auch selber ziehen. Entweder Sie nehmen ganz einfach Hafersamen o.ä., oder Sie kaufen fertige Angebote zur Eigenaufzucht.

Nicht jede Katze braucht diese kleine Hilfe. Je öfter aber Ihr Kätzchen sich putzt und je länger ihr Haarkleid, umso notwendig wird das Angebot von Katzengras sein, und umso dankbarer wird sie es annehmen.

Wundern Sie sich nicht, wenn Ihr Kätzchen ab und zu Haarballen erbricht. Dieses ist völlig normal, solange es sich wirklich ausschließlich um Haarballen handelt. Das Katzengras hilft hier ebenfalls, diese Haarballen einfacher zu erbrechen.

Manche Tiger erbrechen regelmäßig Haare, andere so gut wie nie. Dies ist völlig unterschiedlich oder auch individuell und sollte Sie nicht beunruhigen – weder wenn ihr Kätzchen Haare erbricht noch wenn es dies nicht tut. Wie gesagt, wichtig ist, daß ausschließlich Haare erbrochen werden. Sind Futter und/oder Blut und/oder Schleim o.ä. mit enthalten, sollten Sie dies beobachten und ggf. den Tierarzt/-heilpraktiker aufsuchen.

Falls Sie sich so einen "Haarballen" nicht vorstellen können – er sieht ohne Übertreibung aus wie ein Kotstreifen... Eine Geruchsprobe aber und evtl. ein Berühren mit Hilfe eines Tuches o.ä. wird Ihnen dann die endgültige Definition ermöglichen.

...bürsten

Eine normale Hauskatze brauchen Sie weder bürsten noch kämmen noch ähnliches. Nur wenn Ihr Tiger eine Rassekatze mit längerem oder langem Haarkleid ist, sollten Sie hier regelmäßig mithelfen, denn alleine wird er dann damit nicht fertig werden.

Gewöhnen Sie in diesem Fall Ihren Tiger so früh wie möglich, spielerisch, an ein Bürsten; dann wird es schnell zur (lieb gewonnenen) Gewohnheit werden.

Zum „Eingewöhnen" an ein Bürsten ist es empfehlenswert, dieses in Schmuseminuten mit einzubauen und mit einer kurzen Zeit des Bürstens zu beginnen, die Sie dann nach und nach erhöhen. Kämmen/Bürsten Sie Ihren Tiger immer nur so lange, wie er es zulässt – auch dies sollte nie in Streß für Ihre Katze ausarten.

Versuchen Sie verschiedene Kämme bzw. Bürsten und testen Sie, mit welchem Material Ihr Tiger sich am wohlsten fühlt. Streichen Sie immer nur sanft durch das Fell, nie mit Druck. Ihr Kätzchen sollte sich immer wohl fühlen, wenn Sie es bürsten bzw. kämmen.

Bedenken Sie jedoch, daß viele Stubentiger ein Berühren an ihrem empfindlichen Bäuchlein nicht wirklich schätzen. Läßt Ihr Tiger sich dort also nicht bürsten, so sollten Sie dies akzeptieren.

Auch wenn Ihr Samtpfötchen keine Langhaarkatze ist, so können Sie natürlich dennoch ein Bürsten anbieten und ausprobieren, ob es vielleicht doch gefällt. Für manche Pfötchen ist dies wie eine Verwöhnung, eine Massage, ein Liebkosen...

Was nun das Haaren betrifft, so werden Sie meist bei jedem Fell- bzw. saisonalen Wetterwechsel mit vermehrten Haaren in der Wohnung konfrontiert werden. Also bei größeren Temperaturwechseln von Winter auf Frühling sowie von Herbst auf Winter. Auch dieses ist völlig normal und sollte Sie nicht beunruhigen, solange sich das Haaren im normalen Rahmen hält. Da dies aber natürlich auch mehr Haare in der Wohnung für Sie bedeutet, können Sie in dieser Zeit – wenn Ihr Tiger es denn mag und zulässt – ihn ein wenig ausbürsten, so daß die Haare in der Bürste bleiben und nicht auf Ihrem Sofa...

...mangelhaftes Putzen

Wenn Ihr Kätzchen sich auffallend wenig putzt – Sie werden es bemerken – sollte dies stets ein kleines Alarmzeichen sein. Denn ein gesundes, zufriedenes Kätzchen, putzt sich i.d.R. immer und regelmäßig. Wenn Sie nun eine mangelhafte Fellpflege bemerken, sollten Sie Ihren Tiger verstärkt beobachten. Wie sieht sein Fell insgesamt aus? Ist es noch glänzend? Hat er auffällig Schuppen? Es könnte ein Zeichen dafür sein, daß Ihre Katze krank ist. In diesem Fall sollten Sie selbstverständlich den Tierarzt/-heilpraktiker aufsuchen.

Gleichzeitig aber kann ein mangelhaftes Putzen auch ein Ausdruck eines seelischen Problems sein. Überlegen Sie dann bitte gleichzeitig, ob es da vielleicht irgendetwas gibt, womit Ihr Tiger nicht so gut klarkommen könnte. Ist dies der Fall, sollten Sie natürlich alles versuchen, diese Ursache so zu verändern, daß Ihr Kätzchen besser damit zurecht kommt.

Ältere Stubentiger können ebenso dazu neigen, sich zuwenig zu putzen. Auch dies ist völlig normal, vor allem, wenn es sich um ein stolzes Katzenalter handelt. Solange sich keine verfilzten Stellen o.ä. bilden, können Sie auch hier unbesorgt bleiben. Ansonsten sollten Sie schon ein wenig helfen und Ihren Tiger kämmen oder bürsten, falls er es zulässt. Notfalls müssen ansonsten die verfilzten Haarzotteln sanft herausgeschnitten werden.

Typisch Katze

...Kletterkünstler

Ja, unsere kleinen Tiger sind wahre Kletterkünstler. Es liegt absolut in ihrer Natur, es gehört zu ihrem Leben, sie brauchen es gar, um sich katzengerecht wohl zu fühlen. Beobachten Sie einen jungen Tiger, und Sie werden nicht nur staunen, was so alles erklommen werden kann, Sie werden auch die Freude und den Spaß in den Augen Ihrer Katze erkennen, wenn sie sich flink und gewandt ihr Reich erobert.

Kommt Ihr Samtpfötchen raus, so wird es schnell Bäume, Zäune und andere spannende Dinge erklettern. Können Sie ihm dies nicht bieten, so hat er natürlich nur Ihre Wohnung als sein natürliches Revier zur Verfügung. Und so ist es kein Wunder, wenn er Gardinen, Tapeten, Sofa und Schränke schnell für seine Zwecke in Anspruch nimmt. Wenn Sie dies dulden – wird er sich freuen. Wenn nicht, was wohl eher wahrscheinlich ist, sollten Sie Ihrem Samtpfötchen in Form von einem oder mehreren hohen Kratzbäumen diese natürliche Möglichkeit nachbilden.

Je jünger Ihre Katze ist, umso mehr wird sie ein Bedürfnis haben, ihre Kletterkünste auszuprobieren.

...Gewohnheitstiere

Wie anfangs schon erwähnt, sind unsere Stubentiger absolute Gewohnheitstiere. Nichts verwirrt sie mehr als eine Veränderung ihrer gewohnten Umgebung und/oder ihres gewohnten Rhythmus.

Genauso erstaunlich ist, daß sich unsere Tiger – wenn sie diese Möglichkeit haben – ihren ganz persönlichen Tagesrhythmus ganz von selber gestalten. Und so wird Ihr Tiger schnell seine ganz persönlichen Zeiten haben – eine Zeit, zu der er wach wird – Zeiten, zu denen er Hunger hat – Zeiten, zu denen er raus an die frische Luft möchte – Zeiten, zu denen er Ihre Nähe sucht – Zeiten, zu denen er wieder rein möchte – Zeiten, zu denen er spielen möchte – Zeiten, zu denen er schmusen möchte.....

Und da auch wir Menschen uns bekanntlich recht wohl fühlen, wenn so alles seinen gewohnten Rhythmus hat, ist auch hier eine Symbiose von Katze und Mensch wie für einander geschaffen...!

Umgekehrt bedeutet so aber auch alles, was aus diesem Rhythmus fällt, Streß und Unbehagen für unser Kätzchen. Jede Möbelumstellung, jeder unbekannte Besuch, ein Umzug, ein Tierarztbesuch, ein neuer Mitbewohner, ein Urlaub seiner Menschen – all dies mag unser Tiger nicht immer wirklich...

In der Konsequenz heißt dies, daß wir hier eine enorme Rücksicht auf unsere Katze nehmen müssen. Denn natürlich möchten wir auch mal Möbel umstellen, in den Urlaub fahren, Besuch bekommen, etc. Aber nie dürfen wir vergessen, daß wir gerade in solchen Situationen auf unser Kätzchen Rücksicht nehmen müssen und stets im Kopf behalten, daß es diese Art von Rhythmusstörung bzw. Veränderung selten schätzt...

...eigensinnig

Eine Katze hat ihren eigenen Kopf. Darauf können Sie wetten. Glauben Sir mir, jede Katze hört auf ihren Namen und folgt Ihren Anweisungen – wenn sie denn gerade will... Und genau aus diesem Grund ist eine Katze auch nur bedingt erziehbar. Nie würde eine Katze sich wie ein Hund auf Kommando hinsetzen oder –legen, oder bei Fuß gehen, oder sonst irgendetwas ausführen, was ihr vorgegeben wird. Es sei denn, ihr ist gerade in dem Moment danach, dies zu tun; dann, und nur dann, wird sie artig gehorchen.

Eine grundlegende Eigenart unserer Samtpfötchen ist dementsprechend auch: Wenn sie etwas nicht will, dann will sie es nicht. Und zwar absolut und unbedingt. Auch darauf können Sie absolut wetten! Und so müssen Sie dies natürlich auch akzeptieren, wollen Sie ein harmonisches Zusammenleben nicht gefährden. Schließlich sollte für Sie auch eines stets gelten: Zwingen Sie Ihre Katze nie! Zu nichts! Einzige Ausnahmen sind Situationen, die sich absolut nicht vermeiden lassen bzw. erforderlich sind, wie eben z.B. ein Tierarztbesuch oder auch Umzug.

...Unfug

Genau, eine Katze macht gerne "Unfug", oder „Blödsinn", wie Sie es auch bezeichnen möchten. Gerade ein noch junger Tiger hat oft "Flausen" im Kopf, möchte sich ausprobieren, vielleicht auch Sie austesten, seine Welt entdecken, usw. Gerade wenn ihm mal langweilig ist, kann es durchaus vorkommen, daß er sich Dinge einfallen läßt, die Sie zum Schmunzeln bringen, vielleicht aber auch auf die Palme...

Wenn der "Unfug" überhand nimmt, hilft nur eines: spielen, spielen, spielen. Beschäftigen Sie sich mit dem Tiger, nehmen Sie Teil an seinem Spieltrieb – und Sie und er werden gemeinsam begeistert sein und eine Menge Freude haben!

Gerade bei Katzenkindern ist es essentiell wichtig, daß Sie sich sehr viel mit ihnen beschäftigen und spielen, spielen, spielen. Denn kleine Kätzchen, Kater meist noch mehr als Katzenmädchen, sprühen oft nur so vor Energie...

Dies ist u.a. auch dann sehr wichtig, wenn Sie zusätzlich zu einem Katzenkind noch mit älteren Katzen leben. Gerade hier sollten Sie viel mit dem Kleinen spielen, damit es weniger von den älteren Katzen fordert, die hierdurch schnell überfordert wären. Aber – achten Sie gleichzeitig darauf, daß hierdurch nun keine Eifersucht entsteht... Und natürlich können die „Großen" auch gerne mitspielen, wenn sie mögen.

...Neugierde

Unsere Samtpfötchen sind von Natur aus neugierig – die eine mehr, die andere weniger. Sie sollten sich aber nicht wundern, wenn z.B. Ihre Einkaufstüten stets sofort auf den neuen Inhalt überprüft, Kartons auf Inhalte untersucht werden, die gesamte Weihnachtsdekoration unter die Lupe genommen wird...

...sensibel

Ich möchte behaupten, daß Katzen so ziemlich die sensibelsten Wesen sind, die es auf dieser Welt gibt. Kaum etwas ist so empfindlich wie eine Katzenseele.

Und so ist der große, prächtige und starke Kater oft der empfindlichste Charakter, wenn seine zarte Katzenseele auch nur im geringsten verletzt wird.

Sie sollten immer daran denken, daß Ihr Tiger meist sensibler ist, als Sie sich dies vorstellen können. Eine Veränderung oder ein Geschehen, das in Ihren Augen nur eine Kleinigkeit sein mag, kann für Ihr Samtpfötchen eine komplette Zerstörung seiner kleinen heilen Welt bedeuten.

Wenn Sie aber stets versuchen, sich in Ihre Katze hineinzuversetzen, wenn Sie vielleicht gar offen sind für diese extreme Sensibilität, dann werden Sie immer und schnell Verständnis für Ihren Tiger haben und sofort erkennen, daß er Sie jetzt braucht.

In allen anderen Fällen wird Ihr Kätzchen Ihnen auf seine ganz persönliche Weise schnell zeigen, daß ihm etwas nicht paßt. Es kann ja nicht reden, also muß es sich etwas einfallen lassen, was sein Mensch trotzdem versteht. Jeder Tiger hat hier oft seine ganz persönliche Eigenart. Und natürlich hängt all dies auch davon ab, wie stark sich Ihr Tiger seelisch verletzt fühlt.

Beispiele für eine typische Reaktion darauf, daß Ihre Katze mit etwas nicht klar kommt, sind z.B. plötzliche Unsauberkeit, ein auffälliges Sich-Zurückziehen, das Auslecken des eigenen Fells, Aggressivität, Appetitlosigkeit, aber auch verschiedene Krankheiten als körperlicher Ausdruck dafür, daß die Seele weint.

Hier hilft nur eins: Katzenpsychologie!

Versuchen Sie, wenn Ihr Tiger unglücklich scheint, sich in ihn hineinzuversetzen. So haben Sie dann die beste Möglichkeit, die Ursache aus seiner Sicht herauszufinden. Und ist Ihnen die Ursache bewußt, können Sie einerseits Ihrem Tiger helfen, besser damit umzugehen, und andererseits können Sie, soweit möglich, diese Ursache so verändern, daß Ihr Kätzchen besser damit zurechtkommt.

...sieben Leben

Sieben Leben hätte eine Katze, sagt man. Und wenn man manche Geschichte über unsere Samtpfötchen hört, so wird dies tatsächlich oft bestätigt. Eine Katze hat einen bemerkenswerten Körperbau; sie ist verdammt gelenkig, geschmeidig, hat einen einzigartigen Skelettaufbau. Innerhalb ihrer Evolution haben unsere Stubentiger es geschafft, einen perfekten Körper zu schaffen. Kein anderes Tier dreht sich beim Sprung oder Fall instinktiv automatisch so, daß es immer mit den Pfoten zuerst aufkommt. Kein anderes Tier kann Sprünge so geschickt und sanft auffangen, daß selbst ein Landen aus teilweise unfassbaren Höhen oft wie ein Wunder ohne Verletzungen gesichert ist.

Ebenso sind viele Tiger von Natur aus äußerst zäh und robust, können vieles jahrelang problemlos wegstecken. Selbst körperliche bzw. organische Probleme können sie oft Jahre lang mühelos kompensieren!

...übersinnliche Fähigkeiten

Katzen und Wale sind die Lebewesen auf unserer Welt, denen tatsächlich übersinnliche Fähigkeiten nachgesagt werden. Seien Sie sicher, Ihr Samtpfötchen fühlt und spürt so einiges!

Garantiert weiß Ihr Tiger immer genau, ob Sie gerade fröhlich sind oder traurig, ob Sie Probleme haben oder es etwas zu feiern gibt.

Und wie viele Tiger stehen bereits erwartungsvoll an der Haustür, Minuten bevor ihr Mensch tatsächlich in sicht- oder hörbarer Nähe ist...?

Auch die unzähligen Geschichten von Katzen, die über eine unfassbare Entfernung hinweg wieder nach Hause gefunden haben – Sie können und sollten sie glauben!

In dieser Hinsicht sollten Sie stets Ihrem Tiger vertrauen, wenn er Sie irgendwie warnen möchte oder auch sonst sich kurzfristig auffällig anders verhält als sonst! Nehmen Sie ihn ernst, er spürt dann etwas, was "in der Luft liegt"!

Begründet wird diese außerordentliche Fähigkeit damit, daß die Evolution der Katze schon lange abgeschlossen ist – schließlich ist die Katze seit Jahrzehnten tatsächlich körperlich perfekt – und so haben die Tiger nun Zeit und Möglichkeit, sich auf weiteres zu konzentrieren...

Natürlich ist diese Fähigkeit bei jedem Tiger unterschiedlich entwickelt. Der eine mag Ihnen nur selten beweisen, daß er durchaus etwas Übersinnliches in sich hat, der andere dagegen mag Sie immer wieder so erstaunen, daß Sie vielleicht sogar das Gefühl haben, daß diese Katze nicht von dieser Welt ist...

...mentale Kommunikation

Ich bin absolut davon überzeugt, daß unsere Katzen (wie alle Tiere...) mental miteinander kommunizieren. Ganz bestimmt haben Sie selber auch schon bei Ihrem Tiger Situationen erlebt, die hierauf hindeuten.

Ein paar Beispiele (von vielen):

Unser Kater Sandy ist nachts drinnen, während seine „kleine Schwester" Mila draußen unterwegs ist. Mila maunzt i.d.R., wenn überhaupt, nur ganz zart. Ich kann Mila also nicht hören, wenn sie nachts rein möchte (wir haben keine Katzenklappe). Sandy weckt mich nachts, ich gehe mit ihm nach unten, er selber möchte aber nicht raus. Trotzdem öffne ich die Tür – und Mila kommt rein.

An einem späten Nachmittag im Spätsommer, es ist noch hell, stromern zwei ausgewachsene Igel durch unseren Garten. Ich freue mich natürlich, beobachte sie. Dann kommt Sandy dazu und setzt sich für Minuten direkt vor den einen Igel und starrt ihn an. Ich sage natürlich zu Sandy „komm, laß den Igel". Doch dann auf einmal legt sich dieser Igel hin, mitten in den Rasen – und bleibt liegen. Ich warte, schaue ein wenig später noch einmal nach. Er liegt noch genauso da. Ich weiß, da stimmt etwas nicht. Ich hole die Bachblüten-Notfalltropfen und gebe dem Igel diese, per Tropfen auf ein Wattestäbchen, das ich ihm an sein Schnäuzchen reibe. Wenige Minuten später, ich schaue noch einmal nach, ist der Igel nicht mehr da. Hier bin ich überzeugt davon, daß die Igel zu dieser hellen Tageszeit in unseren Garten kamen, weil sie wussten, daß ich dem einen evtl. helfen konnte. Sandy erkannte, daß der Igel krank ist. Und es war für mich, im nachhinein so, als hätte Sandy zu dem Igel gesagt „wie soll mein Mensch denn sehen, daß du krank bist, wenn du hier so rum läufst; du musst etwas tun, daß sie es sieht!" Und so legte sich der Igel hin, rührte sich nicht mehr, zeigte so auch mir deutlich, daß ich helfen musste.

Auch wir Menschen haben theoretisch diese Fähigkeit, haben sie aber verlernt bzw. gar nicht erst gelernt. Wenn wir Menschen daher etwas sagen, was wir wirklich denken und fühlen, dann verstehen unsere Katzen dies!

Entsprechend kann man eine Katze aber eben auch nicht anlügen...

Wenn Sie so z.B. zu einer Katze sagen „Du bist aber hübsch", in Wirklichkeit jedoch denken „so eine hässliche Katze habe ich noch nie gesehen", dann wird sie garantiert und ausschließlich wissen, daß Sie sie hässlich finden.

Daher aber auch ist es wichtig, daß Sie Ihre Katze in dieser Hinsicht „Ernst nehmen", entsprechend durchaus wirklich mit ihr reden, ihr Dinge erklären, etc.

Und genau dies ist ein großer und wichtiger Teil jeder Katzenpsychologie...!

Auch hier Beispiele:

Sandy möchte raus. Ich sage ihm, daß wir jedoch in 15 Minuten los müssen. Er weiß also, wenn er dann wieder rein möchte, muß er pünktlich da sein. Sie können sicher sein – Sandy kommt genau rechtzeitig!

Mila ist schon länger draußen als sonst. Ich sollte es nicht, aber ich machte mir doch ein wenig Sorgen. Ich bitte Sandy, Mila zu holen. Sandy geht raus. Wenige Minuten später steht Mila in der Tür...

Jeden Abend gehen wir zu einer leicht unterschiedlichen Zeit zu Bett. Ist das Wetter nicht absolut katzengerecht, ist Sandy nachts lieber drinnen, zumindest teilweise. Sobald ich das letzte Licht unten ausgemacht habe, zu Bett gehen möchte, kann ich sicher sein: Wenn Sandy drinnen schlafen möchte, wird er an der Tür stehen – egal ob 21:00 Uhr, 22:00 Uhr oder 24:00 Uhr...

In einer lauen Sommernacht sind wir alle, Katzen und Menschen, draußen. Auf einmal hören wir in direkter Nähe eine Katze ganz, ganz laut schreien. Ich weiß sofort, es ist unser Sandy. Ich folge dem Hilferuf, und kann zum Glück sofort ausmachen, daß Sandy aus Versehen in der Garage unserer Nachbarn eingesperrt wurde (kommt davon, wenn man zu neugierig ist...). Mila kommt dazu, will mit helfen. Ich klingele bei den Nachbarn (es war bestimmt schon 23:00 Uhr...), und Sandy wird „befreit". Am nächsten Tag kaufe ich einen Blumenstrauß und möchte mich kurz bei den Nachbarn gleichfalls entschuldigen und bedanken. So gehe ich mit dem Blumenstrauß in der Hand aus unserem Haus, an unserem Garten vorbei, treffe hier auf Mila und Sandy. Ich sage ihnen kurz, was ich vorhabe. Ob Sie es glauben oder nicht, Sandy und Mila folgen mir bis zur Haustür der Nachbarn, bleiben direkt davor mit mir zusammen stehen – und ich kann mich, tatsächlich zusammen mit den zwei Tigern, direkt bei unseren Nachbarn bedanken, die Blumen überreichen. Sandy und Mila bleiben während des Gesprächs an der Haustür die ganze Zeit direkt hinter mir stehen... Hinzufügen möchte ich, daß die zwei niemals zu Fremden gehen, immer Abstand halten bzw. das Weite suchen, und sonst noch nie bei mir waren, wenn ich in direkter Nähe mit Nachbarn gesprochen habe...

Charakterkatzen

...jede Katze ist anders

So wie wir Menschen, so ist auch jede einzelne Katze eine einmalige Persönlichkeit. Sicherlich gibt es gewisse typische Eigenschaften, die nun einmal zu dem Wesen eines Samtpfötchens gehören; dennoch aber ist jeder kleine Tiger ein einzigartiges Geschöpf mit seinem ganz persönlichen Charakter.

Und ebenso wie bei uns Menschen gibt es zum einen Eigenschaften, die bereits bei der Geburt mitgegeben worden sind, eben die genetischen Eigenschaften, und zum anderen Wesenszüge, die sich im Laufe der Zeit entwickeln bzw. entwickelt haben.

Entsprechend werden die Tiger natürlich sehr geprägt durch ihr Umfeld, indem sie aufwachsen –vor allem auch durch uns Menschen, mit denen sie ihre guten oder leider auch schlechten Erfahrungen machen.

Insbesondere die ersten Lebenswochen sind sehr prägend. So kann man davon ausgehen, daß wenn ein Kätzchen in den ersten Wochen seines Katzenlebens positiv mit Menschen in Kontakt kommt, es problemlos an uns gewöhnt ist, den Kontakt kennt, schätzt und ihn als natürlich empfindet. Hat ein Kätzchen in dieser Aufwachsperiode nicht diese Möglichkeiten, oder macht es gar schlechte Erfahrungen mit der Spezies Mensch, dann wird es in der Regel viel Zeit, Geduld und Einfühlungsvermögen benötigen, um ein liebevolles Vertrauensverhältnis zwischen Tiger und Mensch herzustellen.

Da nun aber eben jeder Tiger anders ist, braucht der eine ganz viel Liebe, Nähe, Zärtlichkeit, Schmusestunden, etc. von seinem Menschen. Der andere dagegen hat lieber seine Ruhe, zieht sich lieber zurück, ist lieber alleine. Und der dritte ist und bleibt ein Streuner, dem nichts wichtiger und lieber ist als seine Freiheit draußen in der Natur. Der vierte sucht immer wieder den Kontakt zu seinen Artgenossen, der fünfte kann hierauf bestens verzichten, usw. usw.

...Rassekatzen

Bei Rassekatzen kann man oft die jeweilige Rasse mit gewissen typischen Charakterzügen in Verbindung bringen. Denn bei diesen Pfötchen werden nicht nur Aussehen wie Fell und Farbe und Gestalt gezüchtet sondern auch "wünschenswerte" Charaktereigenschaften. Und so tendieren (leider) viele Rassekatzen dazu, eher ruhig, lieb und artig zu sein – denn Menschen haben sie ja gezüchtet, und Menschen mögen wohl leider diese Art einer – durchaus eher untypischen – Katze. Dennoch hat auch jede Rassekatze natürlich ihren ganz persönlichen Charakter. Und je mehr Sie ihr die Chance geben, eine kleine eigene Persönlichkeit zu entwickeln, umso individueller wird sie sich verhalten – und umso glücklicher und ausgeglichener wird auch sie sein.

...Katzentypen

Wie bei uns Menschen gibt es auch unter den Tigern voll und ganz unterschiedliche Persönlichkeiten. Und wie bei uns Menschen sind da einmal die Gene, die gewisse Eigenarten bereits in sich tragen. Dann ist gerade die frühkätzliche Phase in den ersten 12 Monaten sehr entscheidend, gerade was ihr Verhältnis bzw. Vertrauen Menschen gegenüber betrifft. Und das weitere Katzenleben prägt natürlich entsprechend den Charaktertyp zusätzlich. Streßsituationen, Wechsel, etc. aber prägen unsere sensiblen Tiger erheblich und beeinflussen sein Verhalten sehr stark; ich meine hier Situationen wie Tierheim, Verlust eines Katzenkameraden oder auch seines Menschen, ausgesetzt werden, etc.

Um Ihnen die facettenreiche Katzenwelt nur einmal kurz vor Augen zu führen, möchte ich Ihnen hier nur kurz stichwortweise einige Katzencharaktere präsentieren – daß sich der eine mit dem anderen verschmelzen mag versteht sich von selber.

Da wären:

Der extreme Schmuser, der Draufgänger, der Bewacher von Mensch und Haus, die Mamakatze (sie liebt ihren Menschen über alles und folgt ihm überall hin), die Männerkatze (sie fühlt sich stets zu Männern hingezogen und sucht deren Nähe), der Freigänger, der Streuner, der Macho, die Ängstliche und Vorsichtige, das ewige Spielkind, der Familientyp (kann mit Hund und Kindern bestens umgehen und sucht deren Gesellschaft), der Eigenbrödler, der soziale Typ (ist stets auf Gerechtigkeit bedacht)... usw.

Natürlich können sich diese typischen Eigenarten im Laufe eines Katzenlebens ändern – denn schließlich werden unsere Tiger stark von unseren eigenen Lebensverhältnissen geprägt, an die sie sich schließlich anpassen müssen.

...Katzenkinder

Ein Katzenkind zu Hause zu haben ist ein einmaliges, wundervolles Erlebnis. Und viel zu schnell vergeht die Zeit, wo es erwachsen wird. Die Welt unseres Katzenbabys dreht sich um spielen – schlafen – essen. Gerade in der ersten Phase siegt die Neugierde jedes Katzenkindes, und es möchte immer und überall seine Welt entdecken. Schließlich gibt es ja auch so unendlich viel, was da noch erkundet werden muß. Daß das eine oder andere vielleicht nicht erlaubt ist oder gar ungesund ist, auch dies muß unser Kätzchen erst noch lernen. Und wie Kinder lernt ein Katzenkind einmal, wenn möglich, von den älteren Pfötchen, oder natürlich auch von uns Menschen. Wir, als seine Menschen, sowie auch die älteren Tiger werden es nach und nach erziehen, ihm Regeln beibringen, die Welt zeigen, etc. Und es lernt natürlich auch, sich an unseren Rhythmus zu gewöhnen, ihn zu akzeptieren und so als für seine Welt als völlig selbstverständlich und normal anzunehmen – wie auch immer dieser persönliche Rhythmus von uns Menschen sich gestalten mag.

Ein Katzenkind muß lernen, sein Katzenklo zu benutzen, Eigenarten von anderen Tieren und Menschen zu akzeptieren, es muß lernen, was es nicht darf aber genauso auch was ganz besonders viel Spaß macht. Viel wird es von selber entdecken, alles andere müssen Sie ihm beibringen.

Denken Sie aber bitte daran: Nie wieder wird Ihr Kätzchen so viel spielen wie zu dieser Zeit! Und auch wenn es für Sie vielleicht einmal wieder anstrengend wird, weil Ihnen eher nach entspannen und Ruhe ist, Ihr Tiger aber munter ist, spielen Sie mit ihm! Glauben Sie mir, Sie werden es später bereuen, wenn er älter und ruhiger geworden ist, daß Sie ihm diese kurze Zeit des extremen Spieltriebes nicht so gegönnt haben, wie er es verdient hätte. Und glauben Sie mir bitte auch: das Spiel mit dem Kleinen Tiger wird Sie ebenso entspannen wie ihn!

...Seniorkatzen

Wann ist eine Katze ein Senior? Nun, man hört oft, daß eine Katze so ab dem 8. Lebensjahr nach und nach in die "Seniorphase" übergeht. Insbesondere die Futterindustrie weist uns oft hierauf hin. Dennoch ist es natürlich von Tiger zu Tiger unterschiedlich, wann das Pfötchen langsam ruhiger und gelassener wird.

Auch kann ich nicht wirklich bestätigen, daß eine Katze ab 8 Jahren eine Seniorkatze ist – rechnet man die 8 Katzenjahre in Menschenjahre um, dann wäre unser Tiger ja erst um die 48 Jahre alt... Für mich ist das noch kein Senior...

Eine wirkliche Seniorkatze, also eine durchaus ältere Katze, hat natürlich bereits ihren ganz festen Tagesrhythmus, und kann daher Veränderungen noch weniger verkraften als jüngere Tiere. Eine ältere Katze wird oft mehr schlafen als früher und dafür gerne mal mehr futtern. Eben dies sollte Sie animieren, gerade jetzt nach wie vor Spielminuten einzulegen, damit Ihr Tiger sich auch jetzt noch ordentlich bewegt und Abwechslung vorfindet. Sollte er nun zu leichtem Übergewicht neigen, muß einerseits das Futter kontrolliert und reduziert und andererseits die Spielanimation erhöht werden.

Wie bei uns Menschen treten auch bei unseren Tigern im höheren Alter leider oft Krankheiten auf, denn ihr Immunsystem ist nicht unbedingt mehr ganz so robust. Und vieles konnten sie in jungen Jahren vielleicht gut kompensieren, was jetzt im Senioralter sich als Krankheit zeigt. Das heißt natürlich nicht, daß Ihr Tiger im Alter krank werden muß! Dennoch möchte ich Sie schon darauf vorbereiten, daß dies durchaus zu einem Katzenleben dazugehören kann.

Gerade aber mit einer gesunden und natürlichen Katzenernährung und einem erfüllten, glücklichen Katzenleben können Sie die beste Basis bieten für eine stabile Gesundheit, auch im höheren Alter Ihres Lieblings.

Auf jeden Fall aber braucht eine Seniorkatze ihren Menschen noch viel, viel mehr als vorher! Sie sollten stets für sie da sein, ihr ganz viel Geborgenheit, Aufmerksamkeit und Liebe zuteil werden lassen.

Gute Katzeneltern...

...behandeln ihre Tiger (fast) wie Kinder

Nein, ich möchte natürlich in keiner Weise übertreiben, und schon gar nicht sollen Sie Ihren Tiger vermenschlichen. Dennoch, eine Katze im Haus hat Bedürfnisse und Ansprüche ähnlich denen von Kindern. Sie sind wie ein Elternteil für den Tiger, und so ist er ein wenig wie Ihr (kleines) Kind.

Dies bedeutet ganz einfach, daß Sie Ihr Pfötchen respektieren sollten, ihm stets Aufmerksamkeit schenken und immer für es da sein sollten. Wie auch immer Ihre persönliche Familiensituation sein mag – beziehen Sie Ihre Katze stets in alles mit ein. Sie wird es Ihnen mit einem zufriedenen und hoffentlich gesunden und glücklichen Katzenleben danken.

...akzeptieren

Akzeptieren Sie den Charakter und die Eigenarten, die Ihr kleiner Tiger nun einmal hat. Wenn er gerne draußen ist und gerne alleine die Welt erkundet, dann lassen Sie ihn. Wenn er nun einmal kein Schmuser ist, dann müssen Sie auch damit leben. Wenn er ängstlich ist, akzeptieren Sie auch dies – aber Sie sollten ihm natürlich schon gleichzeitig stets helfen, diese Ängste nach und nach abzubauen, indem Sie immer wieder Unterstützung anbieten.

Akzeptieren Sie Ihren Tiger so, wie er ist. Und helfen Sie ihm gleichzeitig, wenn er mit gewissen Dingen oder Situationen Probleme hat. Seien Sie für ihn da, bieten Sie sich und Ihre Hilfe an – aber zwingen Sie ihn niemals – zu nichts. Denn dies hätte lediglich zur Folge, daß er noch mehr Angst hat, vielleicht auch dann vor Ihnen.

Nur Ausnahmesituation wie z.B. der Besuch beim Tierarzt oder auch eine notwendige Medikamentengabe erfordern es natürlich, daß Sie Ihr Pfötchen schon zu etwas zwingen müssen, wozu es meistens keine richtige Meinung hat. Dies aber ist natürlich immer nur dann erforderlich, wenn eine Maßnahme, und wenn es ein Zwang ist, doch insgesamt das Beste für das Tier ist.

...geben Freiräume

Hiermit meine ich, daß die Katze alle Möglichkeiten erhält, eine eigene kleine Persönlichkeit zu werden, sich also ganz persönlich und individuell zu entwickeln. Erlauben Sie Ihrer Katze, das zu tun, wonach ihr ist, was ihr gut tut, was sie möchte. Selbstverständlich nur im Rahmen der Regeln Ihrerseits!

...haben Zeit

Glauben Sie mir, wenn Sie einmal eine Phase haben sollten, in der Sie für Ihr Pfötchen nur selten da sein können, Sie werden es später einmal sehr bereuen.

Denn schließlich haben Sie die Verantwortung für dieses schnurrige Wesen übernommen; und so sollten Sie auch so oft wie möglich für Ihren Tiger da sein.

Hiermit meine ich selbstverständlich nicht, daß Sie nun Tag und Nacht sich nur noch um das Kätzchen kümmern sollten! Nein, aber wenn Sie Zuhause sind, dann sollten Sie für den Tiger da sein. Wenn er hier gar nicht so ein großes Bedürfnis hat, wird er Ihnen dies schon zeigen, und Sie können durchaus getrost Ihren eigenen Dingen nachgehen.

Zeit haben heißt für mich, immer dann für den Tiger da zu sein, wenn er mich braucht. So haben z.B. gerade kleine Tiger das Bedürfnis, mehrmals täglich einige Spielstunden einzulegen. Und einen Teil seiner Zeit sollte Mensch dann durchaus hierfür reservieren.

Zeit haben heißt für mich auch, daß ich nicht 5mal im Jahr wochenlang in Urlaub fahre! Denn wann immer ich nicht da bin, wird mein Kätzchen mich vermissen, traurig sein, vielleicht sogar leiden. Natürlich müssen Sie nicht auf jeglichen Urlaub verzichten. Aber Sie sollten auf jeden Fall vorher gewissenhaft abklären, wer in dieser Zeit auf das Pfötchen aufpassen kann. Und Sie sollten schon stets daran denken, wie viel Abwesenheit Sie dem Tier zumuten können.

Auf alle Fälle aber ist ein egoistisches Leben, ein Leben eben ohne Rücksicht auf den kleinen Mitbewohner, absolut unmöglich und auch verantwortungslos.

Lassen Sie Ihren Tiger an Ihrem Leben teil haben – und dies geht nur, wenn Sie auch für ihn da sind.

Weder wird es ihn stören, wenn Sie tagsüber außer Haus sind noch wenn Sie einmal übers Wochenende wegfahren oder für einige Stunden außerhalb Ihren Spaß haben. Solange Sie ihn dann, wenn Sie da sind, absolut in Ihr Leben mit einbeziehen.

...bieten Erziehung

Eine Katze läßt sich nicht erziehen? Nun, sie läßt sich nicht "dressieren" wie z.B. eher ein Hund – aber das ist auch gut so...!

Dennoch wird Ihr Tiger eine gewisse Erziehung benötigen, denn Sie müssen ihm ja schon so einige Regeln beibringen, wenn Ihr Zusammenleben harmonisch verlaufen soll.

Wenn Sie mit Ihrer so genannten Erziehung Erfolg haben möchten, sollten Sie stets die Natur einer Katze bedenken. Wenn Sie also "katzengerecht" erziehen und Regeln beibringen, dann werden Sie staunen, was Ihr Tiger alles so lernen kann!

Grundsätzlich lernt Ihr Pfötchen über konsequente Wiederholungen. Und mit einem sanften, liebevollen und dennoch bestimmten "Nein" haben Sie ebenfalls die besten Chancen, daß die entsprechenden Regeln auch akzeptiert werden.

Einem „Nein" muß aber immer auch eine Alternative angeboten werden. Kratzt Ihre Katze so z.B. an der Tapete, bedeutet dies „nein", gleichzeitig aber sollten Sie ihr dann einen großartigen Katzenkratzbaum anbieten und sie hierauf hinweisen.

Ein „Nein" muß für die Katze auch immer sinnvoll und logisch sein, sie muß es in gewisser Weise verstehen und nachvollziehen können. So wird Ihr Kätzchen z.B. nicht verstehen, wenn es immer zu Ihnen nachts mit ins Bett durfte, ihm nun aber der Zutritt zum Schlafzimmer verwehrt wird, weil Sie einen neuen Partner haben.

Zusätzlich erreichen Sie mit Lob immer weitaus mehr als mit Tadel. Erziehen Sie Ihren Tiger daher vorrangig, indem Sie ihn loben, wenn er etwas gut und richtig gemacht hat! Dies ist viel wichtiger und auf

Dauer effektiver, da positiv, als ein reines Verbot oder auch nur das Wort „Nein".

...machen Kompromisse

Natürlich ist es ein Unterschied, ob Sie mit einem Samtpfötchen leben oder alleine. Und so werden ein paar Kompromisse erforderlich sein. Denn zum einen soll Ihr Zusammenleben ja harmonieren, zum anderen wünschen Sie natürlich immer das Beste für Ihren Tiger.

Wenn Sie vorher viel und oft im Urlaub waren, so wird dies nun nicht mehr möglich sein, wie schon oben beschrieben. Finden Sie hier einen Kompromiß, der sowohl Ihr Kätzchen als auch Sie zufrieden stellt.

Wenn Sie gerne "auf die Piste" gehen o.ä., dann wird leider auch hier ein Kompromiß erforderlich sein. Lernen Sie, die Zeit zu Hause bei und mit Ihrem Pfötchen zu genießen und zu schätzen.

Und auch was Ihr übriges Leben, vor allem das Zusammenleben mit weiteren Mitbewohnern, Mensch und Tier, betrifft, so werden hier sicherlich manchmal auch Kompromisse erforderlich sein, damit niemand sich zurückgesetzt oder gar ausgegrenzt fühlt.

Handeln Sie stets so, als wären Sie selber Ihr kleiner Tiger – dann werden Sie schon die richtige Entscheidung treffen – oder auch den richtigen Kompromiß finden.

...geben Liebe

Natürlich sollen Sie Ihren kleinen vierpfotigen Mitbewohner weder verhätscheln noch ihn zu Ihrem einzigen Lebensinhalt machen. Aber was für Ihr gesamtes Leben gilt, gilt natürlich auch für Ihre Katze: Geben Sie Liebe, und Sie werden Liebe ernten.

...handeln stets im Sinne der Tiger

Auch wenn ich es bereits mehrfach erwähnt habe – hier liegt der Schlüssel zu einem liebevollen und katzengerechten Umgang mit Ihrem Samtpfötchen!

Handeln Sie stets im Sinne Ihres Tigers. Stellen Sie sich, wenn erforderlich oder notwendig, einfach vor, Sie wären Ihr Kätzchen. Und entscheiden Sie dann so für Ihren kleinen Freund, wie er es Ihres Erachtens am liebsten sehen würde.

Wenn Sie unsicher sind, eine Entscheidung treffen müssen, Zweifel haben, dann stellen Sie sich Fragen wie

- was denkt mein Tiger jetzt?
- was würde er sich am liebsten wünschen?
- wie und was fühlt er?
- was macht ihn traurig, was macht ihn glücklich?
- ist er vielleicht eifersüchtig? Warum?
- hat er Schmerzen, leidet er?
- wie würde er selber wohl entscheiden?

Diese Fragen werden und sollten Sie sich stellen vor allem bei wichtigen Entscheidungen bzw. Abwägungen wie z.B. Urlaub, neuer Mitbewohner, Tierarzt, Krankheit, aber auch beim "letzten Willen" Ihres Tigers.

Häufige Fragen

...eine oder mehrere?

Am besten ist es natürlich, wenn Sie von Anfang an zusammen zwei kleine Tiger aufnehmen. Denn grundsätzlich ist es auch für Katzen schöner, einen weiteren Artgenossen zuhause zu haben. Nicht nur weil es sich zu zweit besser auf seinen Menschen wartet, sondern auch, weil man so einiges zusammen machen kann: spielen, schmusen, Unfug bauen, die Welt erkunden, etc.

Und wenn Sie zwei Katzenkinder gleichzeitig zusammen aufnehmen, so ist ziemlich sichergestellt, daß sie sich von Anfang an mögen, sich zueinander gehörig fühlen, etc.

Natürlich aber bedeuten zwei kleine Katzenkinder auch anfangs eine doppelte Aufmerksamkeit...

Wenn Sie dagegen überlegen, zu einer älteren Katze einen vierpfotigen Spielkameraden zu gesellen, so sollten Sie sehr individuell den einzelnen Charakter Ihrer Katze betrachten. Ist eine Katze grundsätzlich weitere Gesellschaft gewohnt, dann stehen die Chancen recht gut, daß sie auch einen neuen Partner schnell akzeptieren wird. Mußten Sie und Ihr Tiger sich aber von einem Pfötchen aus traurigem Grund trennen, so sollten Sie grundsätzlich sich selber und Ihrem Tiger eine kleine Zeit des "In-sich-Gehens" und der Trauer gönnen; lassen Sie genug Zeit verstreichen, bis alle den Schmerz verarbeitet haben und wirklich bereit für einen neuen Partner sind.

Schwierigkeiten sind oft vorprogrammiert, wenn eine Katze, vor allem die Katzendamen sind hier sehr sensibel, die lange Zeit alleine mit ihrem Menschen war, nun plötzlich ihr Leben und ihr Revier und ihren Menschen mit einer weiteren Katze teilen soll. Dies endet leider zu oft in extremen Eifersüchteleien dieser Katze, und meist wird sie sich wohler fühlen, wenn sie weiterhin alleine mit ihrem Menschen bleiben darf.

Je mehr eine Einzelkatze auf ihren Menschen fixiert ist, umso eher wird sie zur Eifersucht neigen. Und umso weniger wird sie sich über eine zweite Katze freuen.

Ist Ihre Katze dagegen anscheinend offen gegenüber weiteren Tigern, so ist es meist am einfachsten, ein Katzenkind zusätzlich zu einer älteren Katze aufzunehmen. Denn so ist zum einen von vornherein die Rangordnung abgesteckt, das Kleine genießt meist noch Welpenschutz, und die ältere Katze wird oft fürsorglich eine Art Mutter- /Vaterrolle übernehmen.

Schwieriger wird es natürlich, wenn Sie eine ausgewachsene Katze an eine weitere erwachsene Katze gewöhnen möchten. Es erfordert sicherlich viel Einfühlungsvermögen und Geduld Ihrerseits, aber auch hier können selbstverständlich wundervolle Partnerschaften entstehen. Wenn irgend möglich, sollten Sie vorab Charakter und Vorlieben des neuen Tigers abklären, damit Sie so gut wie möglich einschätzen können, ob ein harmonisches Zusammenleben unter den Pfötchen gute Chancen hätte.

Grundsätzlich wird eine Einzelkatze natürlich mehr auf Sie fixiert sein. Dies gilt auch für Wohnungskatzen gegenüber Freigängern. Auch können Sie natürlich einer Katze alleine weit mehr Aufmerksamkeit schenken als vielen Tigern. Die Situation ist hier so ähnlich wie bei Kindern. Ein Kind, das typische Einzelkind, wird automatisch verwöhnt und so mehr an den Eltern hängen. Je mehr Kinder, umso selbständiger werden sie sein und umso mehr sind sie natürlich auch auf sich selber gestellt.

Und mehrere Katzen brauchen natürlich auch nicht nur mehr Aufmerksamkeit, Sie sollten auch daran denken, daß mehrere Katzen mehr Platz brauchen – und leider auch mehr Geld kosten; nicht nur was das Futter betrifft sondern auch eventuelle Tierarztbesuche, etc.

Sind Ihre Tiger reine Wohnungskatzen, so ist die Wohnungsgröße sehr entscheidend. Denn eine Katze braucht auch als Wohnungskatze ihren Freiraum und die Möglichkeit, sich zurückziehen zu können. Die Faustregel „nicht mehr Katzen als Zimmer" ist eine gute Einschätzungsmöglichkeit.

Wenn die Tiger raus können, ist der Platzbedarf drinnen natürlich nicht mehr so entscheidend. Denn sie können sich draußen austoben, ihr Revier abstecken, sich Freiräume schaffen, sich auch mehr aus dem Weg gehen.

Nichts ist aber schlimmer als eine falsch verstandene Tierliebe, die eigentlich tierlieben Menschen nach und nach über den Kopf wächst.

Auch Sie kennen sicherlich die traurigen Geschichten, wo viele, viele Wohnungskatzen auf engstem Raum verwahrlost gehalten werden. Dies kann und soll natürlich in keinster Weise das Ziel sein!

Sollte dies bei Ihnen der Fall sein oder Sie solche Menschen kennen, so sollte zum einen versucht werden, die eine oder andere Katze (wer zusammen gehört, sollte zusammen bleiben!) in ein neues, liebevolles Zuhause zu vermitteln. Zum anderen kann ich hier nur absolut zum Freigang der Katzen raten, um allen insgesamt mehr Freiräume zu ermöglichen, mehr Platz zu bieten, etc.

Wenn Sie nun zwei oder mehrere Katzen aneinander gewöhnen müssen, dann wird eine gewisse Zeit der Eingewöhnung erforderlich sein. Die Tiger müssen sich ja erst beschnuppern, einander kennen lernen, die Rangordnung festlegen, etc. Grundsätzlich sollten Sie sehr bedacht sein, daß Ihre bisherige Katze ganz viel Liebe und Aufmerksamkeit bekommt – natürlich ohne die Neue zu vernachlässigen – denn Ihr Kätzchen wird evtl. erst einmal eifersüchtig sein. Vielleicht zeigt sie es nicht so, vielleicht äußert sie es in anderen katzentypischen Manieren – aber sie wird auf jeden Fall von Ihnen wünschen, daß Sie ihr deutlich beweisen, daß eigentlich doch alles beim alten ist und sie sich gar keine Sorgen machen muß. Denn sie ist doch nach wie vor Ihr Kätzchen, das Sie über alles lieb haben.

Bei einem neuen Mitbewohner sollten Sie sich selber so „normal und natürlich" wie nur möglich verhalten. Tun Sie so, als würden Sie alle schon immer zusammen leben, so als wäre gar nichts neu. Je entspannter und gelassener Sie selber sind, umso entspannter werden auch alle Katzen sein – und dies ist die beste und wichtigste Basis für eine „Katzenzusammenführung".

Lassen Sie relativ sofort den „normalen Alltag" wieder einkehren, die Routine sich „breit machen".

Ich würde immer zuerst mit der bisherigen Katze reden, ihr alles erklären, sie so „vorbereiten". Kommt dann die „neue" Katze dazu, reden Sie mit beiden, lassen Sie die Tiger sich selber „beschnuppern" – und dann wirklich sofort zum Alltag übergehen.

Nur wenn es wirklich so „heftige Probleme" geben sollte, daß Streit mit Verletzungen vorkommen, nur dann sollten Sie die Katzen vorübergehend trennen – und ggf. einen guten Katzenpsychologen kontaktieren.

Ansonsten ist es wichtig, daß die Katzen sich so oft wie möglich sehen und begegnen, zusammen sind, zusammen leben – denn nur dann können und müssen Sie permanent lernen, daß sie von nun an zusammen gehören – und daß dies nun so ist und so bleibt. Gerade daher ist mir der „normale Alltag" so wichtig.

...Wohnungskatze oder Freigänger?

Katzen sind von Natur aus natürlich Freigänger. Und so sollten wir ihnen dieses Möglichkeit, wenn es die Umstände erlauben, auch zuteil werden lassen.

Wenn Sie in einer verkehrsberuhigten Zone wohnen, die nächste Hauptverkehrsstraße gebührend entfernt liegt, dann sollten Sie Ihrem Tiger den Freigang ermöglichen.

Glauben Sie mir, Katzen, die diesem Grundbedürfnis nachkommen können, sind mit die ausgeglichensten Tiger!

Natürlich aber ermöglicht nicht jede Wohnungssituation den Freigang für unsere Pfötchen. Und da Katzen nun einmal Gewohnheitstiere sind, wird eine Wohnungskatze, die nie etwas anderes kennen gelernt hat, auch nichts vermissen! Sie wird hier auch als reine Wohnungskatze glücklich leben. Dennoch braucht eine Wohnungskatze natürlich umso mehr Ihre Aufmerksamkeit, Ihre Zuwendung, Ihre Zeit.

Doch jede Katze hat ein natürliches Bedürfnis nach frischer Luft. Nebenbei tut frische Luft auch unseren Katzen gut... Insofern wäre zumindest ein Balkon großartig – hier kann sie die frische Luft schnuppern, die Vögel beobachten, etc. Vorsichtshalber sollten Sie jedoch stets ein Katzennetz um den Balkon spannen, damit die Neugierde Ihrer Katze nicht zu ihrer eigenen Gefahr wird.

Verfügen Sie über keinen Balkon, so sollten Sie Ihrem Tiger zumindest die Frischluft per weit geöffnetem Fenster ab und zu gönnen (im Sommer natürlich mehr als im Winter). Sichern Sie dieses eine Fenster, das natürlich das von allen für die Katze interessanteste sein sollte, was den Ausblick betrifft, mit einem Fliegengitter und/oder einem Katzennetz aber bitte ab.

Auch können Sie, wenn Sie zwar über eine Terrasse verfügen, diese aber in der Nähe einer gefährlichen Straße o.ä. liegt, diese Terrasse gut mit Zäunen und Katzennetzen so absichern, daß Ihr Kätzchen die Eingrenzung akzeptiert und nicht überklettert. Grundsätzlich wird sie dies problemlos akzeptieren, wenn sie vorher nur als reine Wohnungskatze gehalten wurde.

Eine Katze jedoch, die einmal eine Zeit lang nach draußen durfte, also Freigänger war, die „Welt da draußen" liebte, wird nie glücklich werden, wenn sie diese Möglichkeit nicht mehr bekommt! Hierauf müssen Sie bitte absolut Rücksicht nehmen, denn ansonsten würde es das Unglück Ihres Tigers bedeuten.

Dies bedeutet: einmal Freigang, immer Freigang!

Wenn Sie ein Katzenkind das erste Mal rauslassen möchten, so sollte es am besten bereits kastriert sein (bitte mindestens 2 Wochen nach der Kastration abwarten). Sollten Sie wirklich „katzenparadiesisch" leben, so kann die Katze natürlich auch schon vorher raus.

Und eine neue Katze können Sie ab dem Zeitpunkt bedenkenlos rauslassen, wo sie ihr neues Zuhause mit ihren Bewohnern deutlich sicht- und spürbar akzeptiert und lieb gewonnen hat.

Ob Sie Ihren Tiger jederzeit rauslassen, ihm vielleicht gar eine Katzentür einbauen, damit Sie nicht immer springen müssen, wenn er maunzt, ob Sie ihn nur nachts oder nur tagsüber rauslassen, all dies hängt natürlich von Ihrem eigenen Rhythmus ab – und auch von den Vorlieben Ihres Pfötchens...

Grundsätzlich ist es natürlich besser, wenn Ihr Tiger nur dann raus kommt, wenn Sie zuhause sind. Dann kann er immer sofort nach Hause kommen, nach Ihnen rufen o.ä., wenn ihm etwas nicht geheuer sein sollte.

Wenn Sie zu gewissen Zeiten außer Haus müssen, Ihr Kätzchen aber noch draußen ist, dann können Sie es schnell an Ihre Zeiten und Ihren Rhythmus gewöhnen. Rufen Sie es immer zur selben Zeit, rufen Sie immer in der selben Art. Es wird schnell lernen, daß – wenn in hörbarer Nähe – es besser schnell nach Hause kommen sollte, wenn es nicht die nächsten Stunden draußen verbringen möchte.

Gleichzeitig aber birgt dieser mögliche Freigang natürlich auch Gefahren. Dennoch, diese Gefahren müssen wir in kauf nehmen, um unserem Tiger ein, wenn denn möglich, katzengerechtes und schönes Leben zu ermöglichen.

Die Gefahren sind natürlich der Straßenverkehr – daher ist immer im Sinne einer Katze ein Wohnort im Grünen vorzuziehen... Wenn eine Katze von klein auf aber nach draußen kommt, dann wird sie schnell lernen, wie sie sich hier zu verhalten hat. Glauben Sie mir, auch eine Katze schaut erst nach links und überquert erst dann die Straße. Und sie wird Geräusche gut einschätzen können.

Dann lauern draußen natürlich auch noch andere Dinge, wie der Nachbarskater, der rigoros sein Revier verteidigt. Hier sollten Sie darauf vertrauen, daß die Tiger sich schon einigen werden. Anfangs wird es sicherlich Reibereien geben, aber irgendwann haben die Tiger sich meist geeinigt, wer wann wohin darf...

Auch Jäger und „kranke Menschen", die Gift o.ä. streuen, sind natürlich nicht zu vergessen. Wichtig scheint mir, daß unsere Tiger lernen, Fremden gegenüber nie zu zutraulich zu sein. Dies können Sie ihnen im Haus bei Besuch durchaus beibringen: Bekannte Menschen, die man selber schätzt, dürfen vertrauensvoll begrüßt werden, vor allen anderen sollte Katze lieber acht haben...

Von einer Katzenleine halte ich persönlich sehr wenig, da dies absolut nicht in der Natur einer Katze liegt. Dennoch gibt es aber natürlich auch Katzen, die von Anfang an hieran gewöhnt sind, für die dieses o.k. ist, die gleichfalls aber auch nicht „mehr Freiheit" fordern...

Halsbänder, etc. kann ich entsprechend nicht befürworten. Zum einen ist auch dies wider die Natur einer Katze, zum anderen können die Tiger schnell mit ihrem Halsband an etwas hängen bleiben; es ist also eine gewisse Gefahrenquelle.

Ein Glöckchen muß für eine Katze so ziemlich das Schlimmste sein – denn eine Katze hört man ja normalerweise nicht – und dies wäre absolut gegen ein typisches, natürliches Katzenverhalten...

Zum Schutz der Jungvögel, wenn diese Zeit ist, sollten Sie Ihre Katze dann eher nur abends und nachts raus lassen, wenn die Vögel bereits schlafen...

Was nun den Umkreis oder auch das Revier betrifft, das unsere Pfötchen für sich beanspruchen, so ist dies natürlich recht unterschiedlich. Meist aber kann man davon ausgehen, daß kastrierte Tiger genügsamer sind als nicht kastrierte und Katzendamen eh nicht so einen großen Umkreis beehren.

Wenn nun eine Katze, die ihr Leben lang nur drinnen war, die Möglichkeit erhält, die Welt zu erkunden, so sollte man anfangs aus Sicherheitsgründen so gut wie möglich bei ihr bleiben und sie beobachten. Denn sie kann die Gefahren ja noch überhaupt nicht einschätzen, kennt nur ihre "heile Welt" drinnen – und vermutet diese meist auch draußen. Vielleicht bleibt sie eh nur in Ihrer Nähe, dann ist alles einfacher. Erkundet sie aber ihr Revier, versuchen Sie, sie zu ruhigen Zeiten raus zu lassen und wie gesagt, soweit möglich, sie zu begleiten und sie auf mögliche Gefahren aufmerksam zu machen. Auch sollten Sie die Zeiten, zu denen sie raus darf, nur nach und nach verlängern – so daß sie eben nach und nach an die neue Welt gewöhnt wird.

Nicht vergessen zu erwähnen möchte ich auch die Gefahr von unerwarteten Geräuschen. Grundsätzlich wird ihr Tiger meist nach Hause zurückkehren, wenn ihm etwas unheimlich erscheint, so auch laute Geräusche. Anders verhält es sich zu Silvester, wo plötzlich und für die Tiger unerwartet "die ganze Welt rumort". Viele Tiger verkriechen sich aus Angst draußen vor dieser absolut ungewohnten Situation und kommen oft erst nach Tagen wieder nach Hause. Hier hilft nur eins: Lassen Sie Ihr Kätzchen Silvester nicht mehr raus – bis die Situation sich wieder normalisiert hat.

Wie gesagt, nicht jeder hat die Möglichkeit, seinem Tiger diese Freigänge zu ermöglichen. Und es ist auf alle Fälle weitaus schöner für eine Katze, glücklich als Wohnungskatze bei einem lieben Menschen (oder mehreren) zu leben – als im Tierheim...

Aus purer Angst aber, wenn Sie ansonsten gut die Möglichkeiten haben, sollten Sie Ihrer Katze nicht den Freigang verwehren. Denn wer ist schon lieber ein Leben lang „eingesperrt", dafür aber beschützt und behütet, als frei und in Freiheit...

...darf meine Katze ins Bett?

Ich habe diese Frage hier mit aufgenommen, da sie doch recht häufig immer wieder vorkommt. Und ich möchte eigentlich nur eines antworten: JA!

Das Bett ist meist der Lieblingsplatz Ihres Tigers, und den sollten Sie ihm auch gönnen. Es ist kuschelig, es ist warm , es ist weich, es riecht nach dem geliebten Menschen – welche Katze mag dieses Paradies verschmähen...?!

Da eine Katze von Natur aus sauber und reinlich ist - nur wegen der paar Katzenhaare wollen Sie ihr diesen Genuss nicht gönnen?

Ich persönlich bin der Meinung, daß ein Mensch, der seine Katze wirklich liebt, nie die Frage stellen wird, ob sie mit ins Bett darf oder nicht – sie darf!

Alleine daß Sie dort die Nacht verbringen, wird Ihren Tiger veranlassen, sich zu Ihnen zu gesellen. Vor allem dann, wenn es eine Wohnungskatze ist.

Wenn Sie dagegen Ihren Tiger nachts aussperren, weil er ja nicht ins Bett darf (dies aber wohl immer wieder gerne versucht), ist dies für Ihr Kätzchen eine erhebliche seelische Strafe, die er nicht versteht. Er fühlt sich bestraft, nicht gemocht, unverstanden. Er darf nicht zu Ihnen. Aber er hat doch nichts verbrochen. Wie soll eine Katze dies verstehen? Sie versteht es nicht!

Sie können aber ja auch mehrere verschiedene kuschelige Katzenplätze im Schlafzimmer anbieten, es muß ja nicht wirklich das Bett sein...

...Kastration

Grundsätzlich sollten Sie Ihr Pfötchen auf jeden Fall kastrieren lassen, auch wenn es nicht raus kommt!

Denn ansonsten verspürt es ja gewisse Triebe, die es aber nicht ausleben kann. Und dies ist für sich wirklich eine erhebliche Quälerei für das Tier.

Heute ist eine Kastration ein reiner Routineeingriff für einen Tierarzt, der von den Tigern meist bestens verarbeitet wird. Ein wenig komplizierter gestaltet sich die Kastration bei einer Katzendame, auch ist die Verheilung ein wenig langwieriger, und manche Kätzchen erbrechen auch nach dem Eingriff – aber diese Maßnahme ist dennoch notwendig und wird meist schnell überwunden und verkraftet von den Tigern.

Als Faustregel kann man sagen, daß ein Kater so ab dem 6. Monat kastriert werden kann, eine Katzendame ab dem 8. Monat – nicht aber während einer Rolligkeit.

Zu früh sollte man jedoch nicht kastrieren lassen, da dies ja ein Eingriff in den Körper ist; und ein kleiner Körper kann dies natürlich schwieriger verarbeiten als ein ausgewachsener, ferner wäre er auch noch im Wachstum.

Es wird gesagt, daß eine frühe Kastration einen Kater nicht so groß werden läßt. Hier möchte ich jedoch aus eigener Erfahrung widersprechen...

Nur wenn Ihr Tiger besonders sensibel und empfindlich erscheint, vielleicht auch krank ist, und zudem nicht rauskommt, dann würde ich die Kastration solange verschieben, bis die Geschlechtsreife sichtbar eintritt. Dies ist bei Katern ein deutliches Markieren, bei Katzendamen eine extreme Maunzaktion (sie werden es bemerken, wenn Ihre Katzendame rollig ist, also geschlechtsreif, seien Sie sicher...).

Es gibt einen Unterschied zwischen „Kastration" und „Sterilisation". Grundsätzlich können sowohl Kater als auch Katzen sterilisiert bzw. kastriert werden.

Wir eine Katze „nur" sterilisiert, kann sie zwar keine Nachkommen mehr zeugen bzw. bekommen, doch der Geschlechtstrieb bleibt erhalten. Dieser Eingriff ist zwar „harmloser" als eine Kastration, doch ist diese Lösung nur dann sinnvoll, wenn Ihre Katze trotz alldem den Geschlechtstrieb im „Fall der Fälle" auch ausüben kann!

Bei einer Kastration kann die Katze anschließend weder noch Nachkommen zeugen/bekommen noch hat sie noch einen Geschlechtstrieb. Dies ist die häufigste Lösung, und ich würde dies auch i.d.R. immer vorziehen.

...wie alt wird meine Katze?

Im Durchschnitt zählt ein Katzenjahr 5 Menschenjahre. Somit wird ein Mensch auch fünfmal so alt wie seine Katze. Nehmen Sie das Alter Ihrer Katze mal fünf, dann haben Sie ungefähr und ganz grob das entsprechende "Menschenalter".

Aber: das Alter einer Katze steigt mit ihrem "Reifegrad" nicht kontinuierlich an, sondern entwickelt sich unterschiedlich in Etappen. So wird ein Kätzchen am Anfang seines Lebens recht schnell ein Teenager und dann ganz schnell erwachsen; es durchläuft dann einen langen Zeitraum eines "durchschnittlichen Erwachsenenlebens", um dann langsam älter und alt zu werden.

Katzen gelten laut Industrie ab einem Alter von 8 Jahren als "Senioren". Vielleicht ist ein Fünkchen Wahrheit in dieser Aussage. Ich persönlich würde aus meinen eigenen Erfahrungen heraus aber eher eine Katze ab 12 Jahren oder noch älter als „Senior" bezeichnen. Tatsache ist aber auf jeden Fall, daß wie bei uns Menschen auch bei den Tigern die gesamte Entwicklung inklusive des Alterungsprozesses sehr individuell ist.

Wie alt wird denn nun meine Katze? Auch dies ist recht unterschiedlich. Eine Katze kann durchaus 20 Jahre alt werden, vielleicht auch älter. Im Durchschnitt aber erreicht ein Tiger ein Lebensalter von 14, 15, 16 Jahren.

"Meine Katze wird bestimmt 20 Jahre alt" habe ich früher immer gesagt. Kennen Sie diesen Satz? Keiner kann Ihnen garantieren, daß sie so alt wird. Genauso wie niemand garantieren kann, daß Sie selber 100 Jahre alt werden. Darum: Genießen Sie jeden einzelnen Augenblick mit Ihrem kleinen Tiger. Denn wichtig ist schließlich nur, daß er gesund, munter und glücklich mit Ihnen zusammen lebt. Und selbst wenn Ihre Katze 20 Jahre alt wird, leider ist es von der Natur nun einmal vorgegeben, daß unsere Tiger nicht so alt werden wie wir Menschen. Dies ist eine traurige Tatsache, aber leider müssen wir uns ihr durchaus bewußt sein.

Nun eine kleine Tabelle, die Ihnen helfen kann, das Alter Ihres Tigers in Menschenjahren zu sehen:

Katzenalter	Ca. in Menschenjahren
6 Monate	10 Jahre
8 Monate	13 Jahre
1 Jahr	15 Jahre
2 Jahre	24 Jahre
3 Jahre	28 Jahre
4 Jahre	32 Jahre
5 Jahre	36 Jahre
6 Jahre	40 Jahre
7 Jahre	44 Jahre
8 Jahre	48 Jahre
9 Jahre	52 Jahre
10 Jahre	56 Jahre
11 Jahre	60 Jahre
12 Jahre	64 Jahre
13 Jahre	68 Jahre
14 Jahre	72 Jahre
15 Jahre	76 Jahre
16 Jahre	80 Jahre
17 Jahre	84 Jahre
18 Jahre	88 Jahre
19 Jahre	92 Jahre
20 Jahre	96 Jahre
21 Jahre	100 Jahre
22 Jahre	104 Jahre

Katze und...

...Kinder

Kinder und Katzen – kann das gut gehen? Ich halte dieses gemeinsame Aufwachsen gerade für Kinder für sehr hilf- und lehrreich! Allerdings gibt es hier einiges, was zu beachten ist – denn sowohl die Katze als auch das Kind müssen natürlich lernen, den anderen zu akzeptieren, zu respektieren und richtig zu behandeln.

Wenn dies aber richtig beigebracht wird, dann kann oft eine wundervolle Freundschaft zwischen den beiden entstehen.

Grundsätzlich ist es natürlich wieder am besten, wenn ein Kind von Anfang an mit einer Katze aufwächst, so daß es den Umgang mit diesem so ganz anderen Wesen als es selbst von Anfang an lernt und ganz natürlich damit aufwächst.

Ganz wichtig ist mir hier aber: Bitte sehen Sie eine Katze NIE als Geschenk oder gar Spielzeug für Ihr Kind!!!

Auf alle Fälle, wie die Situation auch ist, muß einerseits das Kind lernen, daß die Katze eben kein Spielzeug ist, daß es ein eigenständiges Wesen ist und so auch behandelt werden sollte. Das Kind muß lernen, wie es mit einer Katze umgehen kann und muß. Es muß lernen, daß man mit einer Katze nicht alles machen kann, daß ein Kätzchen eben auch seinen eigenen Willen hat. Und hier sind natürlich die Eltern gefordert, ihrem Kind das Verständnis für ein Samtpfötchen beizubringen. Gleichzeitig kann ein Kind natürlich durch ein Haustier sehr gut lernen, Verantwortung zu übernehmen. Und vor allem erfährt es automatisch den Wert eines Tieres. Es wird so mit Sicherheit grundsätzlich mit großer Tierliebe aufwachsen und stets Respekt und Achtung vor der Tierwelt haben. Und wenn das Kind erst einmal die tiefe Zuneigung einer Katze erfahren kann, weil es z.B. traurig ist, Kummer hat oder gar krankt ist, sich das Kätzchen dann liebevoll um das Kind kümmert, sich zu ihm legt, es anschnurrt, dann wird eine innige Zuneigung und Liebe zwischen den beiden entstehen.

Natürlich aber muß auch die Katze lernen, wie sie mit einem Kind umgehen kann und sollte. Denn Kinder sind nun einmal von Natur aus quirrliger, lebendiger und auch lauter – alles nicht gerade

Eigenschaften, die Katzen bevorzugen. Wenn der Tiger aber lernt, daß man ganz wunderbar mit diesem Kind spielen und schmusen kann, dann wird er schnell auch das kleine Menschenwesen zu lieben lernen.

...Baby

Ein kleines Baby kommt ins Haus – meinen Glückwunsch!

Sicherlich werden die meisten Katzen nun ein wenig eifersüchtig sein – denn schließlich ist da auf einmal ein neues Wesen, dem der geliebte Mensch ganz viel Aufmerksamkeit widmet.

Und damit sich Ihr Tiger nicht zurückgesetzt fühlt, sollten Sie ihn von Anfang an immer mit einbeziehen. Denken Sie auch daran, daß er eifersüchtig sein könnte, daß er vielleicht Angst hat oder traurig ist, weil Sie sich nun um ein anderes Wesen viel mehr kümmern.

Wenn Sie Ihr Kätzchen aber immer teilhaben lassen, es dabei sein kann, wenn Sie sich um Ihr Baby kümmern, Sie stets versuchen, sich um Kätzchen und Baby gleichzeitig zu kümmern – so gut es geht – dann wird auch Ihr Tiger schnell die neue Situation akzeptieren und eine mögliche Eifersucht schnell überwinden.

Wenn Sie all dies beherzigen, dann sollte die neue Situation recht schnell für alle Beteiligten zu einem harmonischen Zusammenleben führen.

Bitte sperren Sie Ihren Tiger auch nicht aus, aus irgendwelchen Ängsten, daß er Ihrem Baby etwas tun könnte! Ich höre diese Bedenken leider öfter, daher möchte ich auch dies hier erwähnen. Warum sollte Ihr Kätzchen einem Baby etwas tun?! Wenn Sie keinen Grund für eine Eifersucht liefern, dann hat Ihr Kätzchen auch keinen Grund, sich nicht ordnungsgemäß zu benehmen. Und mit Gewißheit wird auch eine Katze spüren, daß es sich bei dem kleinen Menschenwesen um ein zu beschützendes, hilfloses Baby handelt!

Einzig wenn Ihr Tiger entscheiden sollte, daß das Kinderbett eine vorzügliche Schlafgelegenheit bietet, sollten Sie schon acht geben, daß Ihr Tiger von Anfang an lernt, auch hier natürlich sehr vorsichtig zu sein. Seien Sie aber auch sicher, daß Ihre Katze genau einschätzen kann, ob ihr Verhalten auch für Ihr Baby o.k. ist.

Beobachten Sie anfangs, wie Ihr Kätzchen sich verhält, dann können Sie schnell einschätzen, ob Sie sich vertrauensvoll auf es verlassen können oder doch lieber einmal mehr hinschauen und Vorsicht walten lassen sollten.

Zusätzlich ist es ganz wichtig, daß Ihre Katze immer Rückzugsmöglichkeiten hat, wenn ein Baby mit ihm aufwächst. Denn so ein Baby schreit auch einmal, ein Kleinkind dann will die ganze Wohnung entdecken, etc.

Hat Ihre Katze hier gut die Möglichkeit, sich in ein anderes Zimmer zurück zu ziehen oder auch raus zu gehen, wenn es ihr doch zu laut oder zu „lebendig" ist, dann ist dies eine weitere gute und wichtige Voraussetzung.

...neuer Partner

Und wieder das gleiche Thema... Je fixierter Ihre Katze auf Sie ist, umso wahrscheinlicher ist, daß sie mit Eifersucht auf einen neuen Mitbewohner reagiert – auch und vor allem auf einen neuen Lebenspartner.

Den einzigen Fehler, den Sie hier machen können, ist Ihre Katze ungebührend zu beachten, sobald Ihr neuer Mensch den Raum betritt. Es ist nur natürlich, daß Ihr Tiger dann von Anfang an eine Ablehnung gegen den neuen Menschen entwickeln wird.

Wenn Sie aber auch hier diese mögliche Eifersucht sofort berücksichtigen, Ihren Tiger auch hier in Ihr Leben absolut mit einbeziehen, wenn Ihr Partner dabei ist, dann wird Ihre Katze auch diese neue Situation schnell akzeptieren.

Und sollte trotzdem die Eifersucht siegen, so verstärken Sie am besten Ihre Aufmerksamkeit für Ihr Kätzchen, sodaß es absolut spürt, daß es nach wie vor Ihr einziger Liebling ist und auch immer bleiben wird...

Wenn dann noch der neue Partner sich auch gerne, viel und liebevoll mit Ihrer Katze beschäftigt, dann wird ganz bestimmt auch schnell eine neue Freundschaft geschlossen werden.

Nebenbei bemerkt eine kleine ganz persönliche Bemerkung meinerseits: Sollte Ihr neuer Partner eine Abneigung gegen Katzen verspüren, so sollten Sie doch versuchen, die "rosarote Brille der Verliebtheit" kurz zu entfernen und sich selber überprüfen, ob Sie hier wirklich die richtige Partnerwahl getroffen haben...

...Hund

Sicherlich kennen Sie genauso wie ich mehrere Haushalte, wo Katze und Hund friedlich und vielleicht sogar freundschaftlich problemlos zusammen aufwachsen. Dies spricht selbstverständlich dafür, daß Katze und Hund sehr wohl zusammen leben können.

Eine grundsätzliche Problematik, die ein Zusammenleben anfangs zwischen diesen zwei Tierarten ein wenig schwierig machen wird, ist die von der Natur gegebene unterschiedliche Körpersprache. Es ist somit vorprogrammiert, daß der Hund die Katze nicht "verstehen" kann und die Katze den Hund ebenso wenig.

Nehmen wir beispielsweise den Schwanz als Ausdrucksmöglichkeit beider Tiere. Wenn eine Katze ihren Schwanz hin- und herbewegt, ist sie auf jeden Fall angespannt, aufgeregt, vielleicht auch in Alarmbereitschaft oder gar "kampfbereit". Wedelt ein Hund mit seinem Schwanz, so freut er sich i.d.R. des Lebens!

Klar, daß hier anfangs Missverständnisse auftreten müssen. Denn es gibt natürlich noch weitere erhebliche Verhaltensunterschiede, die beide erst einmal kennen und zu interpretieren lernen müssen.

Und so ist auch hier klar, daß es am einfachsten ist, ein Katzenbaby mit einem Hundewelpen zusammenzubringen, so daß sie von Anfang an zusammen aufwachsen und wie von selbst die Eigenarten des anderen kennen lernen.

Die nächste gute Möglichkeit ist dann natürlich, ein erwachsenes Tier mit einem Baby der anderen Tierart zusammenzubringen. Denn Tierkinder genießen so gut wie immer "Welpenschutz" und werden entsprechend liebevoll behandelt und auch umsorgt. Auch lernt ein Baby natürlich automatischer und selbstverständlicher als ein ausgewachsenes Tier. Und ein Tierbaby kennt es ja auch noch nicht anders, für dieses ist das andere Verhalten des anderen Tieres dann von Anfang an etwas völlig Normales.

Entsprechend beeindruckend sind dann auch die Situationen, wo ein Hundewelpe von Anfang an das Katzenklo benutzt, sich wie eine Katze zusammenrollt, etc. Aber auch die Katze, die artig zusammen mit Hund und Mensch spazieren geht, ist für mich immer wieder ein bezauberndes und zugleich beeindruckendes Bild.

Eine erwachsene Katze mit einem erwachsenen Hund dagegen zusammenbringen zu wollen, spricht für erhebliche vorprogrammierte Spannungssituationen – es sei denn, einer der beiden ist die Spezies des anderen bereits durch frühere positive Erfahren gut gewöhnt.

Ferner muß hier natürlich der Mensch „ran" und mit viel Liebe und Geduld beide zueinander bringen. Dies wird sicherlich seine Zeit brauchen, aber wenn hier der Mensch „vermittelt", dann können auch ein erwachsener Hund und eine erwachsene Katze zueinander finden. Wichtig ist hier aber auf jeden Fall, daß der Hund grundsätzlich sehr sozial und liebevoll ist, am besten schon Katzengesellschaft ein wenig kennt, man also sicher sein kann, daß er sich der Katze gegenüber zumindest neutral verhält...

...weitere Haustiere

Hier können Sie eigentlich alle meine Ausführungen bezüglich "Katze und Hund" übertragen, wenn auch Katze und Hund natürlich eine ganz spezielle Kombination darstellen.

Grundsätzlich wird ein Zusammenleben dann mit großer Wahrscheinlichkeit gut gehen, wenn beide bzw. alle von Anfang an, also als Babys, zueinander kommen und ganz automatisch gemeinsam aufwachsen.

Dennoch muß bei einem solchen Zusammenleben aber stets die jeweilige Eigenart der Tiergattung berücksichtigt werden, so daß sich jeder auf seine ganz persönliche Weise zurückziehen kann bzw. seinen Bedürfnissen entsprechend leben kann.

Auch wird es auf alle Fälle erforderlich sein, daß Sie solange beobachten, aufpassen und erziehen, bis Sie 100%ig sicher sein können, daß der eine dem anderen nichts tut, ihn in Ruhe läßt und allemal spielerisch mit ihm umgeht.

Schwierige Situationen in dieser Hinsicht sind natürlich die von der Natur eigentlich als Gegner oder gar Futterquellen vorgegebenen Verhältnisse wie Katze und Maus, Katze und Vögel, Katze und Schlangen...

Nebenbei bemerkt: Bitte denken Sie bei jedem möglichen Haustier daran, wie es eigentlich von Natur aus lebt. Und so ist jede Art von Käfighaltung – sorry – absolut unnatürlich, nicht artgerecht, und im Endeffekt eine Art von Tierquälerei. Dies gilt für Vogelkäfige genauso wie für Hamster- und Hasenkäfige – daß Schlangen nicht in Wohnungen gehören, brauche ich wohl nicht zu erwähnen. Aber auch die so hübsch anzusehenden Aquarien bieten leider selten wirklich genug natürliche Bewegungsfreiheit für die Fische...

Jede Einsperrung, und das ist jeder Käfig, ist unnatürlich, ist eine Art der Freiheitsberaubung, ist alles andere als die Basis für ein glückliches und artgerechtes Tierleben.

Was ist wenn...

...Urlaub ansteht?

Wie bereits anfangs erwähnt, sind Sie jetzt gebunden, haben eine Verantwortung übernommen. So ist nun Gesetz: Finden Sie keine gute Möglichkeit für Ihren Tiger während Ihres Urlaubes, gibt es nur eine Lösung: Kein Urlaub!

In ganz wenigen Ausnahmefällen ist es durchaus möglich, daß Sie Ihr Pfötchen mit in den Urlaub nehmen. Und zwar nur dann, wenn es einmal von Anfang an als Baby hieran gewöhnt wird, wenn es sichtlich problemlos die Reise mitmacht, wenn Sie regelmäßig immer an den gleichen Ort fahren, und wenn der Urlaubsort natürlich nicht allzu weit entfernt liegt.

Ich kenne durchaus Katzen, die immer wieder mit dem Wohnmobil unterwegs sind. Und auch Katzen, die immer wieder an den gleichen, in der Nähe liegenden Urlaubsort mit ihren Menschen reisen.

Aber dies ist wirklich die Ausnahme. Und es wird auch nur dann funktionieren, wenn Sie Ihren Tiger von Anfang an daran gewöhnen.

Ansonsten ist die beste und einzige Lösung, daß ein lieber Mensch, den Ihre Katze gut kennt und auch mag, ein- bis zweimal täglich während Ihrer Abwesenheit reinschaut und die Katze versorgt, besser natürlich noch komplett bei Ihnen wohnt und übernachtet.

Bitte vergessen Sie Alternativen wie eine Katzenpension oder den vorübergehenden Aufenthalt außerhalb ihres gewohnten Zuhauses bei Freunden, Bekannten, Verwandten, etc. Es sei denn wieder, Ihr Tiger ist es von Anfang an gewohnt und zeigt sichtlich Gefallen an dieser Lösung – dies ist aber wirklich eher selten der Fall.

Bitte bedenken Sie auch hier, daß eine Katze ein absolutes Gewohnheitstier ist und seine geliebte Routine mit allem Drum und Dran zum Wohlbefinden braucht. Es wird einer Katze immer lieber sein, in ihrer gewohnten Umgebung zu bleiben, aber für kurze Zeit ohne seine Menschen, als weggegeben zu werden in ein unbekanntes Zuhause mit fremden Gerüchen, fremden Gegenständen, fremden Menschen. Viele Katzen leiden erheblich darunter, wenn sie z.B. in eine Katzenpension gegeben werden. Denn Ihre Katze kann Sie ja nicht verstehen – ein Tiger sieht nur, daß er weggegeben wird. Und hier kann leider soviel seelischer Schaden, der nur sehr schwierig wieder zu kurieren ist, an unseren Samtpfötchen angerichtet werden, auch wenn Sie es vermeintlich nur gut meinen.

...der Tierarztbesuch nötig ist?

Nun, keine Katze wird sich freiwillig in einen engen Korb schließen und durch die Gegend tragen und fahren lassen...

Am besten ist natürlich, wenn Ihr Tiger den Transport bzw. den Transportkorb gewöhnt ist. Dies ist aber natürlich eher selten der Fall.

So ist zum einen grundsätzlich wichtig, daß Sie und Ihr Kätzchen Vertrauen zu Ihrem Tierarzt haben, daß Sie sich in guten Händen fühlen und zumindest Sie sich vertrauensvoll und gerne an den Tierarzt wenden.

Was nun den Transport selber betrifft, so sollten Sie beruhigend und sanft mit Ihrem Tiger sprechen, damit er keine Angst bekommt. Sind Sie selber aufgeregt und angespannt, dann wird sich diese Gemütsverfassung mit Sicherheit auf Ihr Kätzchen übertragen.

Hilfreich ist auch, den Transportkorb ein oder mehrere Tage vor dem anstehenden Termin bereits im Wohnbereich zu positionieren. So kann Ihr Tiger vorab sich an den Korb gewöhnen und ihn lieb gewinnen – denn so ein Transportkorb eignet sich durchaus ganz hervorragend als Spielhöhle oder auch kuscheliger Schlafplatz...

Was für den Tierarztbesuch gilt, trifft natürlich auch auf den Tierheilpraktiker zu.

...ein Transport erforderlich ist?

Grundsätzlich, was einen erforderlichen Transport betrifft, so gilt einerseits die psychische Komponente, wie oben beschrieben. Seien Sie selber also bitte entspannt!

Gleichfalls ist ein eher großer Transportkorb natürlich einem zu kleinen vorzuziehen, damit diese Einsperrung zumindest einigermaßen erträglich für Ihren Tiger ist.

Legen Sie unten ein kuscheliges Tuch o.ä. hinein, das vielleicht auch ein wenig nach Ihnen bzw. nach Zuhause duftet.

Wert sollten Sie auf jeden Fall darauf legen, daß der Transportkorb gut und sicher verschlossen werden kann; achten Sie also hier bitte auf Qualität – und somit Sicherheit.

Ich persönlich halte eine Transportbox, die von oben zu öffnen ist, für die beste Variante für unsere Tiger. Denn die meisten wehren sich doch mit allen vier Pfötchen, wenn sie in so etwas hinein sollen. Und wenn Sie Ihr Kätzchen einfach von oben hineinsetzen können, dann das Dach verschließen, dann wird dieses "Einpacken" doch für alle Beteiligten nicht ganz so stressig werden.

Auch sollte der Korb Ihrem Tiger die Möglichkeit geben, hinausschauen zu können. So wird er, wenn er mag, ein wenig von seiner Aufregung abgelenkt, indem er neugierig nach draußen schauen und beobachten kann. Auf jeden Fall aber sollte Ihre Katze Sie sehen können.

Vielen Katzen macht es jedoch auch Angst, wenn sie „alles Drumherum" sehen können, da sie das alles ja nicht kennen. Diese „Reizüberflutung" könnte sie sehr stressen. Wenn dies bei Ihrer Katze der Fall ist, so decken Sie die Transportkorb lieber ab, mit einem „Guckloch", durch das Ihre Katze nur Sie aber noch sehen kann.

Wenn Ihre Katze sich artig verhält, können Sie während des Transportes, wenn Sie nicht gerade der Fahrer sind, die Box öffnen und Ihr Kätzchen sanft und beruhigend streicheln. Sollte Ihr Tiger dies gerne als Fluchtmöglichkeit nutzen, so kommt dieser Vorschlag natürlich nicht in frage...

...ein Umzug ansteht?

Ein Umzug bedeutet für Ihren Tiger genauso Streß wie für Sie – allerdings in einer ganz anderen Weise.

Egal in welcher Umzugsphase Sie sich gerade befinden, Ihr Tiger sieht und fühlt, daß da etwas auf ihn zukommt, daß da etwas anders ist als sonst, daß etwas nicht stimmt. Aber er weiß eben nicht genau, was dies ist.

Und hier können Sie ihm sehr viel helfen. Wieder gilt: Reden Sie sanft mit ihm, machen Sie ihm durch Ihre gelassene und zuversichtliche Art, durch Ihre sanfte Stimme und Ihren liebevollen Tonfall klar, daß alles gut ist, daß nichts Schlimmes passieren wird.

Wenn dann die Umzugskartons nach und nach die Wohnung beherrschen, können Sie die Situation positiv umkehren und Ihren Tiger wunderbar mit einbeziehen – denn man kann ganz großartig in diesen Kartons verstecken spielen!

Wenn der Umzugstag selber kommt, sollten Sie Ihr Pfötchen in ein Zimmer sperren, in dem er ohne Störung verweilen kann. Am besten, Sie haben vorher schon alle Dinge aus diesem Zimmer rausgeräumt, so daß hier am Tag X selber keiner mein rein muß. So kann er in Ruhe dort warten und bekommt von dem ganzen Chaos zumindest sichtbar nichts mit. Natürlich sollten Sie ab und zu nach ihm schauen und wieder beruhigend mit ihm reden. Legen Sie am besten etwas Kuscheliges in dieses Zimmer, vielleicht eine Decke, auf der er gerne liegt, oder auch ein kuscheliges Kleidungsstück von Ihnen, an das er sich "anlehnen" kann.

Wenn dann alles bereits im neuen Domizil ist, können Sie auch Ihren Tiger umsiedeln. Am besten wäre, wenn dann außer Ihnen keine weiteren Personen mehr im neuen Zuhause sind.

Lassen Sie Ihre Katze dann aus dem Transportkorb, seien Sie einfach da. Akzeptieren Sie, daß sie anfangs noch ein wenig ängstlich sein wird, vielleicht noch nicht fressen mag, etc. Lassen Sie sie dann nach und nach ihr neues Reich in Ruhe erkunden. Wenn Sie in ein neues Zuhause mit mehreren Zimmern ziehen, bieten Sie Ihrer Katze anfangs am besten nur Wohnzimmer, Küche und Schlafzimmer als Zugang an, damit nicht zuviel „Neues" auf einmal auf sie zukommt. Die weiteren Zimmer öffnen Sie dann nach und nach. Und wenn Ihre Katze anfangs das neue Zuhause erkunden möchte – dann gehen Sie gerne mit ihr mit und zeigen ihr alles.

Daß sie möglicherweise nicht von Anfang an alles klasse finden wird, ist gut möglich. Insofern wäre es am besten, wenn Sie einen kurzen

Urlaub nehmen und so erst einmal für Ihr Kätzchen da sein könnten. Zumindest aber ein Wochenende sollte schon Zeit sein, damit Sie für Ihre Katze da sind.

Denn ganz wichtig ist, daß Ihr Tiger sofort erkennt, daß es jetzt zwar ein neues Zuhause gibt, ansonsten aber alles beim Alten ist; und dies gilt zum einen für die Einrichtung als auch natürlich und vor allem für seine Menschen. Daher sollten Sie auch hier versuchen, relativ sofort wieder zum Alltag über zu gehen – und das Auspacken der Kartons integrieren Sie „einfach" in diesen Alltag.

Sollte Ihr Pfötchen Freigänger sein, so sollten Sie ihn solange nicht im neuen Domizil raus lassen, bis er sichtbar das neue Zuhause akzeptiert hat. Wie lange dies dauert, ist absolut von Katze zu Katze unterschiedlich. Hier sollten Sie sich auf Ihr Gefühl verlassen und das Verhalten Ihres Pfötchens in dieser Hinsicht beobachten.

Normalerweise würde ich hier stets einen Zeitraum von mindestens zwei Wochen empfehlen. Da aber unser Sandy schon am 3. Tag nach unserem Umzug uns mehr als eindeutig zu verstehen gab, daß er nun endlich wieder raus möchte, gibt es keine wirkliche Regel. Wir hatten hier Sandy tatsächlich bereits am 3. Tag nach unserem Umzug raus gelassen bzw. hatten keine andere Wahl (...), und er hat sich sofort sein neues Revier auch draußen angesehen, es erkundet, etc. – und alles war sofort prima – als wäre kaum etwas wirklich neu.

...ein Flugtransport nötig ist?

Wenn irgend möglich, sollte ein Transport per Flugzeug vermieden werden. Denn in den meisten Fällen müssen unsere Pfötchen in einer Transportbox im Frachtraum transportiert werden. Und wenn ich mir vorstelle, ich wäre dies Kätzchen, wäre eingesperrt in einer völlig unbekannten Umgebung, ohne bekannte Gerüche, ohne meine Menschen, wahrnehmbar nur merkwürdige, laute Geräusche, dann noch eine gewisse Kälte – ich würde wohl auch "sterben vor Angst".

Leider aber läßt sich dies natürlich nicht immer vermeiden. Und oft ist es sogar unumgänglich, wenn man das Leben eines Kätzchens retten will – ich denke hier an die armen Kätzchen aus den Tierheimen oder gar den Tötungsstationen, die im Ausland keine Chance haben.

Eine Narkose während des Transportes ist nicht erlaubt (und das ist ach gut so, denn wer kann dies kontrollieren bzw. beobachten?). Insofern wird Ihr Tiger so wie oben beschrieben alles mitbekommen.

Grundsätzlich sollten Sie aber beharrlich und rigoros abklären, ob es nicht irgendeine Möglichkeit gibt, daß Ihr Tiger mit Ihnen zusammen in der Passagierkabine reisen kann. So sind zumindest Sie bei ihm und können besänftigend mit ihm sprechen.

Ist dies nicht möglich, sollten Sie eine Transportkiste wählen, die absolut sicher ist für Ihr Kätzchen. Legen Sie hier auf jeden Fall etwas Kuscheliges, nach Ihnen duftendes bei. Und versuchen Sie auf alle Fälle, die Reise so kurz wie nur möglich zu gestalten und Ihr Kätzchen schnellstmöglich nach dem Transport wieder zu sich zu holen.

Aber auch in der Kabine – so ein Flug ist leider wirklich der pure Streß für eine Katze. Wenn Sie auch nur irgendwie die Wahl haben, dann sollten Sie versuchen, einen Flug Ihrer Katze zu vermeiden. Dies ist immer die beste Lösung.

...eine Auslandseinreise naht?

Wenn Sie selber ausreisen und Ihren Tiger mit in ein neues Land nehmen oder Ihr Tiger aus dem Ausland zu Ihnen kommen soll, werden Sie mit Behörden und Bestimmungen konfrontiert werden, die von Land zu Land unterschiedlich sind.

Vorab sollten Sie sich so gut wie nur möglich erkundigen, was für die Einreise alles erforderlich sein wird. Lassen Sie sich hier von örtlichen Tierärzten, Tierschutzorganisationen und dem zuständigen Konsulat sowie ggf. der Flugbehörde beraten.

Vor allem die erforderlichen Impfungen sollten abgeklärt und fristgerecht durchgeführt worden sein.

In seltenen Fällen wird eine Quarantänezeit erforderlich sein. Hier muß Ihr Tiger für eine längere Zeit ganz alleine, ohne Sie, in einer fremden Umgebung verweilen. Hier kann ich wieder nur raten: Versuchen Sie, diese Quälerei für Ihr Kätzchen zu vermeiden!

...die Katze verschwunden ist?

Wenn Ihre Katze Freigänger ist und nach ihrer sonst üblichen Zeit nicht zurück kommt, dann sollten Sie natürlich alles nur Erdenkliche versuchen.

Vorab bemerkt gibt es natürlich die "Streuner", für die es ganz normal ist, daß sie auch einmal tagelang weg bleiben. Und es gibt auch zugelaufene "Streunerkatzen", die irgendwann weiterwandern und sich dann vielleicht ein neues Zuhause suchen.

In allen anderen Fällen aber wird es natürlich einen Grund dafür geben, daß Ihr Kätzchen nicht wieder nach Hause findet. Vielleicht ist es irgendwo eingesperrt und kommt nicht mehr raus. Vielleicht auch ist es aus Angst weiter weggelaufen als sonst und findet den Weg so schnell nicht mehr. Oder es hat sich aus Angst versteckt und traut sich nicht mehr heraus. Und es könnte natürlich auch verletzt sein und Hilfe brauchen.

In der Regel findet eine Katze ihr Zuhause aber immer wieder, auch aus weiterer Entfernung oder unbekannter Gegend.

Wenn Sie sich nun aber Sorgen machen, dann können Sie so einiges tun:

- Gehen Sie Ihren näheren Umkreis ab, vor allem die größeren Straßen. Rufen/schnalzen Sie Ihre Katze immer wieder, bleiben dann kurz stehen, warten Sie ein wenig. Suchen Sie sie vor allem auch abends/nachts, wenn es dunkel ist, denn dann sind weniger Geräusche draußen, die die Katze irritieren könnte, sie wird dann ggf. weniger ängstlich sein, eher kommen.
- Fragen und informieren Sie Ihre Nachbarn, und weisen Sie auch auf mögliche Einsperrungsmöglichkeiten wie Garagen, Keller und Gartenhäuser, etc. hin. Bitten Sie, hier einen Blick hinein zu werfen.
- Hängen Sie an gut frequentierten Plätzen Suchzettel auf, am besten mit einer guten Beschreibung und Foto.
- Machen Sie Aushänge in Geschäften, beim Tierarzt, etc.
- Informieren Sie örtliche Tierheime, damit Sie sofort benachrichtigt werden können, sollte Ihr Kätzchen dort auftauchen.

- Versuchen Sie, ob die örtliche Presse Sie per Bericht unterstützt; aber auch hier können Sie natürlich eine Anzeige schalten.

Da es leider auch immer wieder Tierfänger gibt, die der Grund für das Nicht-Nachhause-Kommen sein können, möchte ich auch die Möglichkeit einer Belohnung, die Sie aussetzen können, erwähnen.

Besteht der Verdacht auf Tierfänger, kann ich nur raten, wirklich alle Hebel in Bewegung zu setzen, Presse und Polizei zu informieren, weitere Tierhalter zu warnen.

...eine weitere Katze einzieht?

Absolut unumgänglich: Nehmen Sie sich eine Weile frei!

Denn nur in den seltensten Fällen kommen beide von Anfang an super klar und akzeptieren problemlos den jeweils anderen.

Meistens verhält es sicher aber eher so, daß die erste Katze eifersüchtig auf den neuen Mitbewohner reagiert und gleichzeitig der neue Tiger ängstlich und scheu sich zurückzieht und nicht raus traut.

Und hier sind natürlich Sie gefordert. Zum einen müssen Sie Ihrer bisherigen Katze erheblich viel Aufmerksamkeit widmen, damit sie keinen Grund zur Eifersucht vorfindet. Zum anderen müssen Sie dem neuen Kätzchen natürlich immer wieder Vertrauen anbieten, damit es sich schnell zu Hause fühlt.

Die beiden Tiger brauchen natürlich Zeit, sich an die neue Situation zu gewöhnen. Sie müssen sich ja erst "beschnuppern" und kennen lernen – und meist muß auch die Rangordnung erst einmal festgelegt werden. Daß die bisherige Katze die Ranghöhere ist, sollte am besten immer der Fall sein bzw. durch die „Konstellation" vorgegeben sein. Akzeptiert dies die neue, wird alles meist recht schnell harmonisch verlaufen. Ist dies nicht der Fall, braucht es ein wenig mehr Zeit, und Sie werden sicherlich ab und zu eingreifen und schlichten müssen.

Versuchen Sie, die beiden nach und nach zueinander kommen zu lassen. Lassen Sei beide zusammen fressen; dennoch sollte jeder seinen eigenen Futternapf haben und dem anderen nichts wegnehmen dürfen. Animieren Sie beide dazu, miteinander zu spielen. Ein weiterer Schritt ist dann natürlich, daß Sie mit beiden gleichzeitig schmusen können – und als Steigerung, daß die beiden sich so lieb haben, daß sie miteinander kuscheln.

Läuft es nicht von Anfang an gleich harmonisch, können Sie mit einigen Tricks nachhelfen. Beispielsweise können Sie Leckerlies durch die Gegend trullern, so daß beide gemeinsam diese spielerisch jagen.

Bei extremer Eifersucht, vorausgesetzt Sie leben mit einem Partner zusammen, sollte die Bezugsperson der bisherigen Katze sich intensiv um diese kümmern und sich mit ihr beschäftigen, und der andere Partner dagegen widmet sich dem neuen Tiger.

Wenn Sie den Tigern Freigang ermöglichen, so darf der "Neuzugang" natürlich nicht sofort raus. Auch wenn die andere Katze dies darf – das sollten Sie ihr nun auch nicht aus Gleichstellungsgründen verbieten! Warten Sie solange, bis die neue Katze sich heimisch fühlt – auch wenn es anfangs vielleicht ungerecht scheint.

Versuchen Sie ferner, sich hier „zweizuteilen": spielen Sie mit der einen Katze auf Ihrer linken Seite, mit der anderen auf Ihrer rechten. Schmusen Sie mit der einen Katze links von Ihnen, mit der anderen auf Ihrer rechten – u.s.w.

..."Geschenke" mitgebracht werden?

Oh ja, wenn Ihre Katze Ihnen plötzlich eine Maus mit nach Hause bringt, dann will Sie Ihnen hiermit ein Geschenk machen! Ihre Katze zeigt Ihnen hiermit, wie lieb sie Sie hat.

Und dies ist natürlich genau das Problem für jeden wirklichen Tierfreund...

Grundsätzlich ist Ihr Tiger stolz, wenn er eine Maus oder auch einen Vogel mit nach Hause bringt. Er zeigt Ihnen seine Beute, schenkt sie Ihnen – es ist für Ihren Tiger ein dicker Liebesbeweis an Sie!

Insofern dürfen Sie ihn natürlich nie ausschimpfen, sollte er Ihnen so ein Geschenk präsentieren!

Ich selber halte es so, daß ich zwar nicht schimpfe, gleichfalls aber auch nicht hoch jauchzend mich darüber freue. Denn so eine überschwängliche Reaktion würde ihn natürlich nur dazu animieren, mir immer wieder neue Geschenke zu machen.

Damit die arme Maus bzw. der Vogel sich nicht quält, sollten Sie – so furchtbar es klingt – darauf achten, daß das arme Tier nicht mehr lebt. Denn alles andere ist natürlich Quälerei. Wenn es noch lebt, müssen Sie sofort eingreifen und bitte alles versuchen, dieses Tier vor Ihrer Katze zu retten! Daß dies nicht immer ganz einfach ist, versteht sich von selbst... Versuchen Sie hier, Ihre Katze abzulenken, am besten mit Futter – und diese Ablenkung nutzen Sie, damit die Maus/der Vogel wieder in die Freiheit können.

Leider liegt es nun einmal in der Natur unserer Samtpfötchen, daß sie auf Mäuse und Vögel Jagd machen. Natürlich ist es nicht der Hunger, der sie jagen lässt, es ist ihr Instinkt, der sie hierzu verleitet. Insofern können Sie daran leider nichts ändern.

Gerade zur Brutzeit der Vögel wird immer wieder darum gebeten, die Tiger nicht raus zu lassen. Das ist natürlich oft ziemlich unmöglich; denn eine Katze wird mit voller Inbrunst fordern, daß sie raus darf, wenn sie dies gewohnt ist...

Die beste Lösung hier: Lassen Sie Ihr Pfötchen zu der Zeit, wo viele Jungvögel unterwegs sind, wenn möglich nur nachts raus. Da die Vögel dann schlafen, für die Katze also nicht sichtbar sind, da sie sich nicht bewegen, wird sie für die Vögel keine Gefahr bedeuten.

Was die andere Möglichkeit, eine Klingel am Halsband für die Katze, betrifft, so möchte ich hier doch eindringlich von abraten. Für eine Katze, die bekanntlich samtpfötig schleicht, nicht hörbar, sanft und zart – muß es eine immense und unnatürliche Quälerei sein, wenn man sie bei jeder einzelnen Bewegung laut und deutlich hören kann.

Katzennachwuchs

...die Katze ist trächtig

Der Bauch Ihrer Katze wird immer runder, die Zitzen verändern sich sichtbar? Meinen Glückwunsch – Nachwuchs kündigt sich an!

Eine Katze ist ca. 2 Monate lang trächtig, dann kommen die Kleinen bereits zur Welt!

Während ihrer Trächtigkeit braucht sie natürlich vor allem Liebe und Ruhe. Aber auch ein wenig mehr Futter als sonst, das vor allem jetzt vitamin- und nährstoffreich sein sollte.

Bieten Sie Ihrer Katze für die Geburt mehrere kuschelige, ruhige Plätze an. So kann sie dann in Ruhe aussuchen, welchen Ort sie ganz persönlich vorzieht. Vielleicht wählt sie auch einen ganz anderen Platz als Sie vorgesehen haben; dies sollten Sie dann bitte akzeptieren!

Wird die Katze dann sichtlich unruhig, und ist sie an der Zeit, kündigt sich langsam die Geburt an.

Ist es dann soweit, braucht sie meist nicht Ihre Hilfe – dennoch zumindest Ihre Nähe. Seien Sie bei ihr, seien Sie für sie da, aber greifen Sie nicht ein! Es sei denn natürlich, daß sich Komplikationen ergeben, wo selbstverständlich sofort der Tierarzt zu verständigen ist.

Ansonsten können Sie beruhigt der Natur ihren lauf lassen. Ihre Katze weiß instinktiv, was sie machen muß. Sowohl vor als auch bei und nach der Geburt.

...Vermittlung der Babys

Wenn Sie nicht alle Kleinen behalten möchten oder können, sollten Sie sich schon so früh wie möglich um ein gutes Zuhause für die Katzenkinder kümmern.

Am besten ist natürlich, wenn Freude oder Bekannte von Ihnen, die Sie bereits gut kennen und einschätzen können, sich für ein Katzenkind interessieren.

Ansonsten können Sie natürlich Anzeigen schalten, Aushänge gestalten, den Tierarzt informieren, etc.

Erwähnen Sie auch ruhig so oft wie möglich in Gesprächen, daß Ihre Katze Nachwuchs erwartet bzw. bekommen hat! Dies spricht sich oft sehr schnell herum, so daß die Chance, daß diese Neuigkeit auch die richtigen Menschen erreicht, recht groß ist.

...Abgabe der Babys

Idealerweise sollten die Katzenkinder zwischen der 8. und 12. Lebenswoche abgegeben werden.

Werden sie vorher vermittelt, so ist dies oft noch zu früh, denn sie bräuchten eigentlich noch ihre Mutter und ihre Geschwister.

Nach dieser Zeit dann aber haben sie sich oft schon so an ihr Zuhause gewöhnt, daß es ihnen schwer fallen wird, sich zu trennen – und Ihnen auch...

Versuchen Sie so am besten alles, damit dieser Zeitraum im Sinne der Katzenkinder eingehalten werden kann.

Wenn ein Kleines dann abgegeben wird, sollten Sie 100%ig sicher sein, daß es in gute Hände kommt. Fragen Sie die neuen Katzeneltern ruhig rigoros aus, so daß Sie einschätzen können, ob sie wirklich für eine Katze bereit sind, und ob sie gute Katzeneltern wären, die ein katzengerechtes Zuhause bieten können.

Ein aufrichtig interessierter Mensch wird dieses Nachfragen bestens verstehen und ehrlich Auskunft erteilen. Um ganz sicher zu gehen, ist es natürlich das Beste, das neue Zuhause selber einmal vorher zu besuchen und zu begutachten; auch hierfür wird ein wahrer Tierfreund immer Verständnis haben.

Wenn Sie aber doch irgendwie Zweifel hegen, ob es das Kätzchen dort wirklich gut haben wird, kann ich nur eines raten: Geben Sie es NICHT dorthin!

...Katzenmutter

Für die Katzenmutter ist dies natürlich eine ganz neue Situation. Und auch hier ist wieder jede Katze anders. Die eine übernimmt sofort liebevoll die Mutterrolle, die andere ist mit dieser Situation vielleicht überfordert; hier müssen Sie dann liebevoll ein wenig unterstützen.

Grundsätzlich braucht die Katzenmutter viel Ruhe, denn nicht nur die Geburt kostet sie ja Kraft sondern auch die Versorgung der Kleinen.

Trubel sollte also in dieser Zeit bei Ihnen Zuhause tabu sein.

Wundern Sie sich auch nicht, wenn die Katzenmutter die Babys von Zeit zu Zeit an einen neuen Ort trägt. Dies ist absolut normal und natürlich – solange sie sich eben um alle Babys kümmert.

Daß Sie unterstützen müssen, wenn sie die Babys nicht annimmt bzw. eines der Kleinen nicht annimmt, versteht sich von selbst. Bitte fragen Sie hier dann Ihren Tierarzt um Rat. Daß der Tierarzt zurate gezogen werden muß, wenn eines der Kleinen kränkelt, sollte auch selbstverständlich sein. Versuchen Sie, wenn erforderlich, den Tierarzt um einen Hausbesuch zu bitten. Ist dies nicht möglich und ein Tierarztbesuch unumgänglich, sollte immer die Mutter zusammen mit mindestens zwei Babys dorthin transportiert werden bzw. je nach Alter der Kleinen mit allen Kindern.

Wird nun ein Baby in ein neues Zuhause abgegeben, müssen Sie die Mutterkatze natürlich immer ein wenig hierauf vorbereiten. Reden Sie sanft und liebevoll mit ihr, und zeigen Sie ihr, wenn ein Baby in den Transportkorb gesetzt wird. Sie muß bewußt mitbekommen, daß das Kleine in ein neues, liebevolles Zuhause kommt.

Wenn Ihre Katze eine Freigängerin ist, so wird es wohl nicht zu vermeiden sein, daß sie trotz der Babys ihren Streifzügen nachgeht. Aber auch hier sind die Katzenmütter i.d.R. sehr verantwortungsvoll und gehen immer nur kurz nach draußen, um dann schon bald wieder für ihre Kleinen da zu sein. Je älter die Katzenkinder werden, umso länger wird dann meist auch die Katzenmutter sie immer mal wieder alleine lassen.

Wenn die Katze krank ist

...Alarmzeichen

Wenn Sie Ihre Katze immer gut beobachten, werden Sie mit Sicherheit schnell sehen und spüren, wenn es Ihrem Kätzchen nicht gut geht. Dennoch ist hier ein "gesundes Mittelmaß" aus meiner Sicht die beste Handhabung. Sie sollten sich nicht wegen jedem kleinen "Wehwehchen verrückt machen" und die Katze bei jeder Kleinigkeit sofort zum Tierarzt bringen. Dennoch dürfen Sie sich natürlich nichts vormachen, wenn Ihr Kätzchen ernsthaft krankt ist, denn dann wird nur der schnelle Gang zum Tierarzt bzw. Tierheilpraktiker das Beste für Ihren Tiger sein.

Folgende "Alarmzeichen" sollten Sie dazu veranlassen, Ihren Tiger sehr genau zu beobachten und schließlich baldmöglichst den Tierarzt/Tierheilpraktiker aufzusuchen:

- Lang anhaltender Durchfall bzw. Verstopfung
- wiederholtes Erbrechen von Futter
- Erbrechen von Blut
- deutliches Harnverhalten, also Probleme beim Urinlassen
- Blut in Urin/Kot
- Äußerungen von Schmerz jeglicher Art
- wenn es sich plötzlich an bestimmten Stellen nicht mehr berühren läßt
- Appetitlosigkeit
- Apathie
- Verletzungen
- Anzeichen von Schnupfen
- tränende, entzündete Augen
- Atemgeräusche und –probleme
- Futterverweigerung
- erhöhter Flüssigkeitsbedarf
- plötzliche Gewichtszunahme und –abnahme
- Blauverfärbung von Zunge bzw. sichtbaren Körperstellen

Und natürlich sämtliche weitere Anzeichen, die auf Anhieb für eine Krankheit sprechen.

...Tierarzt

Ein guter Tierarzt ist jemand, bei dem sowohl Sie als auch Ihr Tiger sich wohl fühlen, zudem Sie Vertrauen haben, zudem Sie gerne ğehen.

Ein guter Tierarzt wird für Sie sichtbar aus Liebe zu den Tieren diesen Beruf gewählt haben. Und er wird stets Verständnis für Sie und Ihren Tiger zeigen. Er wird sich in Ruhe für Sie und Ihr Kätzchen Zeit nehmen und all Ihre Fragen zufrieden stellend beantworten.

Scheuen Sie sich nie, Ihren Tierarzt alles zu fragen, was Ihnen auf dem Herzen liegt!

Und wenn Sie, warum auch immer, mit Ihrem Tierarzt nicht zufrieden sind, sollten Sie ihn wechseln!

Wenn Sie mit der Diagnose des Tierarztes nicht einverstanden sind bzw. hier Zweifel haben, sollten Sie auf jeden Fall die Meinung eines weiteres Tierarztes zurate ziehen.

Je nach Krankheitsbild sollten Sie dann ggf. auch darum bitten, daß ein Blutbild erstellt bzw. ein Röntgenbild gemacht wird.

Je komplizierter der "Fall", umso mehr könnte sich auch der Besuch in einer Tierklinik lohnen, gerade wenn Operationen erforderlich sein sollten. Denn hier sind oft gute Spezialisten, die gleichzeitig über die notwendigen Geräte bzw. Möglichkeiten verfügen.

...Tierheilpraktiker

Selbstverständlich können Sie statt zu einem Tierarzt auch zu einem Tierheilpraktiker gehen! Auch hier, genauso wie beim Tierarzt, ist es oft hilfreich, wenn Sie vorher bereits von Freunden oder Bekannten positive Referenzen erhalten.

Gerade ein guter Tierheilpraktiker nimmt sich sehr viel Zeit für Sie und Ihren Tiger.

Da es in der Naturheilkunde sehr viele gute und wirksame Heilrichtungen gibt, kein Mensch aber natürlich auf allen Gebieten ein Fachmann sein kann, sollte ein guter Tierheilpraktiker auf einige wenige Bereiche spezialisiert sein. Bietet ein Tierheilpraktiker auffällig viele Heilmethoden an, so ist leider eher selten davon auszugehen, daß er all diese wirklich beherrscht und auch tatsächlich wirkungsvoll, sprich heilend, einsetzen kann.

Grundsätzlich sollten Sie hier vorsichtshalber die voraussichtlichen Kosten erfragen.

...Pflege kranker Katzen

Eine kranke Katze braucht Ruhe, Liebe und Sie!

Seien Sie für Ihr Kätzchen da, geben Sie ihm Aufmerksamkeit und Ihre Nähe.

Gleichzeitig aber sollten Sie es nicht permanent und auffällig anders behandeln als sonst. Denn hier spielt natürlich auch die psychische Seite eine Rolle. Und ein Kätzchen, dem Sie immer wieder zeigen und wissen lassen, daß es ja so krank ist – wird schon deshalb sich krank fühlen!

Wenn Ihr Tiger krank ist, sollten Sie viel bei ihm sein – und ihm Ruhe gönnen.

Bieten Sie ihm gleichzeitig, was ihm gut tut. Wenn es eine Erkältung hat, so kann dies z.B. viel Wärme sein in Form von kuscheligen Plätzen und Decken, vielleicht einer in ein Handtuch eingewickelten Wärmflasche.

Geben Sie ihm gerade jetzt vitamin- und nährstoffreiches Futter.

Wenn es extrem viel trinkt, sich aber nur wenig bewegen kann, sollten Sie einen Trinknapf stets in Nähe seiner Schlafstelle aufstellen.

Auf jeden Fall wird vor allem eines Ihrer Katze schon viel helfen, bald wieder gesund zu werden: Ihre Zuneigung!

Impfungen, Wurmkuren und Flohmittel

...Impfungen

Sie können eine Katze impfen lassen gegen Virenerkrankungen wie Katzenseuche, Katzenschnupfen, Katzenleukämie, FIP (Feline Infektiöse Peritonitis), FIV (Feline Infectious Immundeficiency – Katzenaids), Tollwut.

Ich möchte Ihnen hier jedoch ganz eindringlich ans Herz legen, sich mit diesem Thema noch einmal näher und grundsätzlich zu befassen, sich von unterschiedlichen Informationsquellen beraten zu lassen, damit Sie sich Ihre persönliche, eigene Meinung bilden können und so selber entscheiden, ob Sie Ihre Katze impfen lassen oder nicht.

Ich persönlich lasse unsere Tiger nicht impfen und möchte mich insgesamt auch gegen Impfungen aussprechen.

Grundsätzlich schwächt jede Impfung erst einmal das Tier. Denn es hat ja nun erst einmal einen "Fremdstoff" erhalten, den es nun erst einmal zusätzlich verarbeiten muß.

Nicht zu verachten ist natürlich auch, daß jeder Tierarztbesuch grundlegend erst einmal Streß für unseren Tiger bedeutet.

Nun ist es leider auch so, daß eine Impfung nie einen 100%igen Schutz gegen den jeweiligen Virus bieten kann. Denn es gibt meist so viele verschiedene Arten des jeweiligen Virustypes, daß ein Impfstoff nie sämtliche Varianten abdecken kann, zumal sich die Viren ständig weiterentwickeln.

Gleichfalls hat nur ein nicht geimpfter Körper überhaupt die Möglichkeit, sein Immunsystem aus eigenen Kräften ständig zu stabilisieren und zu stärken. Denn jeder von uns muß täglich all die Viren abwehren, die grundsätzlich und immer um uns herum sind. Folglich ist ein nicht geimpfter Körper weitaus resistenter als ein geimpfter.

Ist eine Katze nicht geimpft, so wird der Körper täglich gefordert, sein Immunsystem topfit zu halten. Diese Möglichkeit wird einer geimpften Katze genommen. Und so ist sie natürlich anfälliger, sobald ein Virus auftaucht, der von der Impfung nicht abgedeckt wird.

Natürlich kann niemand garantieren, daß eine nicht geimpfte Katze, die durch einen Virus erkrankt, durch rechtzeitige Impfung hiergegen nicht krank geworden wäre. Genauso aber kann eben auch nicht garantiert werden, daß eine geimpfte Katze nicht doch an dem entsprechenden Virus oder einer Unterart erkrankt.

Insbesondere eine Impfung von Wohnungskatzen halte ich für absolut unnötig. Denn es ist doch ziemlich ausgeschlossen, daß sie überhaupt mit den entsprechenden Viren, die ja nur draußen lauern, in Kontakt kommt. Sicherlich kennen Sie auch die Theorie mit der Virenübertragung über Ihre Schuhsohlen. Wenn Sie aber einmal wirklich in sich gehen, dann werden Sie diese Theorie hoffentlich genauso abwegig einschätzen wie ich... Seien Sie sicher, an Ihren Schuhsohlen, wenn dort überhaupt Viren sich aufhalten, werden die Viren nicht lange überleben können, denn sie brauchen immer einen Wirt.

Impfen lassen würde ich meinen Tiger einzig gegen Tollwut, wenn er raus kommt und direkt in einem ausgewiesenen Tollwutgebiet lebt. Nebenbei bemerkt gilt Tollwut jedoch bei uns als praktisch ausgerottet..., kommt insofern so gut wie nicht mehr vor in unseren Regionen.

Katzenkinder und –babys erhalten ihre „natürliche Impfung" bzw. ihren Immunschutz über die Muttermilch, die sie zu sich nehmen. Wenn die Kleinen dann nicht mehr trinken, dann wird ihr Immunsystem selber gefordert und muß sich nach und nach stark machen und halten.

Ferner kann man davon ausgehen, daß ein Impfstoff, wenn überhaupt, über Jahre anhält und entsprechenden Schutz bietet. Diese leider oft empfohlenen überhäufigen Impfungen empfehlen einzig die Impfstoffhersteller; es gib hier keine gesetzliche Regelung.

Auch die möglichen Impffolgen und –schäden sind zu bedenken.

So ließen wir unseren Sandy damals als Katzenkind impfen, unter anderem auch gegen Katzenschnupfen. Direkt hiernach bekam Sandy einen Katzenschnupfen mit Fieber vom Feinsten...

Nebenbei, eine Katze, die einmal Katzenschnupfen hatte, wird ihr Leben lang immun hiergegen sein...

Es gibt keine Garantien, weder wenn Sie impfen lassen, noch wenn nicht. Denn das Leben ist das Leben, und das Leben hat keine Garantie. Aber – informieren Sie sich gut, bilden Sie sich Ihre eigene Meinung; und entscheiden Sie dann selber, für Ihre Katze.

Eine Ausnahme bietet jedoch die Situation, wenn mehrere Katzen zusammen auf recht engem Raum leben. Denn hier kann sich ein Virus natürlich sehr schnell ausbreiten, auch ist das Immunsystem dieser Tiger durch die Situation, wie eben z.B. im Tierheim, von sich aus oft bereits geschwächt. Hier sind Impfungen oft durchaus eine sinnvolle Vorsichtsmaßnahme.

...Wurmkuren

Wurmkuren sind pure Chemie und belasten den Körper entsprechend stark.

Auch hilft eine Wurmkur nie prophylaktisch - sie hilft nur dann, wenn wirklich Würmer vorhanden sind. Und so kann es durchaus sein, daß Sie gerade erst eine Wurmkur gemacht haben, Ihre Katze aber anschließend dennoch Würmer hat.

Eine tierärztliche Wurmkur tötet die Würmer. Sie geben also etwas, was etwas im Körper tötet...

Entsprechend kann ich nur eindringlich von den leider so oft empfohlenen regelmäßigen Wurmkuren, oft mehrmals im Jahr, dringend abraten. Hier wird der Körper einzig stark mit Chemie belastet, überfordert.

Hat die Katze doch einmal tatsächlich Würmer, dann hilft eine tierärztliche Wurmkur i.d.R. schnell und sofort.

Sie bekommen es i.d.R. auch mit, wenn die Katze Würmer hat. Entweder, Sie entdecken diese kleinen Teilchen direkt selber, meist am After. Oder die Katze zeigt deutliche körperliche Beschwerden, die den Verdacht auf Würmer sehr wahrscheinlich machen (erhebliches Erbrechen, evtl. gar die Würmer selber, sehr schlechtes Fell, erheblicher Appetit ohne Gewichtszunahme, etc. - also alles, was man wirklich nicht übersehen kann). Hier dann bitte natürlich auf jeden Fall mit Ihrem Tierarzt Rücksprache halten, der dann die tierärztlichen Schritte einleiten wird - wenn er Würmer vermutet, natürlich eine Wurmkur, die dann selbstverständlich ihren Sinn hat und i.d.R. schnell helfen wird.

Man kann Würmer durchaus auch homöopathisch ausleiten; hier aber hängt das jeweilige homöopathische Mittel von der Wurmart ab.

Bei starkem Wurmbefall aber ist i.d.R. eine tierärztliche Wurmkur vorzuziehen, damit die Katze schnell von den Würmern befreit wird. Die homöopathische "Ausleitung", wo die Würmer wirklich aus dem Körper ausgeleitet werden, braucht entsprechend ihre Zeit.

Wurmkuren für Wohnungskatzen sind entsprechend alles andere als sinnvoll, da die Würmer i.d.R. über einen Wirt übertragen werden, so z.B. wenn eine Maus Würmer hat und die Katze diese Maus dann frißt. Dies ist bei einer Wohnungkatze natürlich recht unwahrscheinlich...

Würmer aber können auch über mit Würmern direkt befallenes rohes Fleisch übertragen werden, oder über die Muttermilch bei der Mutterkatze.

Eigene Ängste, daß sich Würmer auf Menschen übertragen, sind zwar sehr verbreitet, aber absolut übertrieben. Denn die Würmer übertragen sich im großen und ganzen ausschließlich über die Ernährung, also die orale Aufnahme. Und so bekommen auch wir Menschen nur dann Würmer, wenn wir z.B. arme tote Tiere roh essen, die mit Würmern befallen sind...

...Flohmittel

Herkömmliche Flohmittel sind gleichfalls pure Chemie, die ebenfalls den Körper stark belasten. Nur bei wirklich extremem Flohbefall würde ich kurzfristig hierauf zurück greifen.

Ansonsten können Sie Ihrer Katze Bierhefeflocken über das Futter streuen oder homöopathisch unterstützen bzw. Ihren Tierheilpraktiker fragen. Grundsätzlich sollten Sie vor allem die Lieblingsplätze Ihrer Katze täglich reinigen/saugen.

Natürliche Heilmittel

Es gibt unzählige natürliche Heilmittel, mit denen Sie Ihrem Tiger auf natürliche und nicht schädliche Weise (also ohne Nebenwirkungen) schnell und effektiv wieder zu bester Gesundheit verhelfen können.

Bei schlimmen Krankheiten und Unfällen, etc. ist aber selbstverständlich immer der Gang zum Tierarzt erforderlich! Aber viele kleine Wehwehchen können Sie wunderbar mit der Kraft der Natur beheben.

Selbstverständlich möchte ich hier auch die wundervolle Naturheilkunde der Homöopathie nicht unerwähnt lassen.

Aufgrund der Komplexität dieses Gebietes und der Vielzahl der homöopathischen Mittel möchte ich innerhalb dieser Katzenfibel jedoch nicht näher ins Details gehen.

Dies würde mehr als den Rahmen sprengen und erfordert durchaus ein eigenständiges Buch.

Grundsätzlich kann ich Ihnen hier nur sehr ans Herz legen, sich ggf. an einen guten und fachkundigen Katzenhomöopathen mit Erfahrung zu wenden.

Gerne aber nenne ich Ihnen einige weitere, einfachere Naturheilverfahren, mit denen Sie eine Menge bewirken können:

...Bierhefe und Knoblauch

Ihr Tiger ist Freigänger und zieht Parasiten wie Flöhe und Zecken magisch an?

Dann mischen Sie einfach ein wenig Bierhefe(-flocken) oder auch Knoblauchtabletten für Katzen unter sein Futter. Er wird einen Geruch annehmen, den diese Parasiten nicht mögen – und sie werden automatisch verschwinden.

Probieren Sie aus, ob Ihr Kätzchen diese Zusätze annimmt. Nehmen Sie aber bitte kleine Mengen, wenn Sie Erfolg haben möchten.

Meist ist der Zusatz von Bierhefe einfacher, da Knoblauch (bitte aber die Tabletten aus dem Handel wählen, keinen puren Knoblauch, da dieser für Katzen ungesunde ätherische Öle enthält) erwiesenermaßen noch strenger riecht...

Ansonsten können Sie gut erkennen, ob Ihr Tiger von Flöhen geplagt wird, wenn er sich extrem häufig kratzt, oft sichtbar im Fell "knabbert", und an seinem Lieblingsplatz kleine schwarze Kügelchen liegen, dies ist der Flohkot.

Eine Zecke setzt sich gerne an recht dünnen Hautpartien fest, wo sie entsprechend einfach an das Blut kommt. Somit sind diese meist im Kopf-/Halsbereich zu finden, aber auch in den Ohren und am Po.

Eine Zecke, die sich bereits voll gesaugt hat, sieht fast aus wie ein kleiner Hautfetzen, der rötlich hervorsticht. Wenn Sie so etwas entdecken, Ihr Tiger sich dort gleichfalls häufig kratzt, können Sie von einer Zecke ausgehen.

Sie können die Zecke einfach entfernen, indem Sie sie zwischen zwei Finger fassen und dann sanft aber bestimmt herausdrehen. Dies ist meist bei bereits etwas länger fest sitzenden Zecken eine gute Methode. Hat sich eine Zecke gerade erst festgesetzt, bitte lieber noch ein wenig warten, bis sie ein wenig größer ist, damit Sie sie herausdrehen können.

Natürlich können Sie auch eine handelsübliche Zeckenzange verwenden, wenn Ihnen dies lieber ist.

Meiner Erfahrung nach ist es gleich, ob Sie die Zecke nach links oder nach rechts heraus drehen. Sie werden auch in der Literatur hier immer unterschiedliche/entgegen gesetzte Meinungen vorfinden.

Sollte beim Entfernen einmal der Kopf stecken bleiben, so ist es wichtig, daß sich nichts entzündet, was jedoch eher selten der Fall hier (hier dann bitte zum Tierarzt/-heilpraktiker). Meist stößt der Körper diesen „Fremdpart" mit der Zeit von selber ab.

...Kamillentee

Füllen Sie eine kleine Schale mit Kamillentee und lassen Sie diesen erkalten. Tränken Sie dann ein Tuch hierin.

Dieses in Kamillentee getränkte Tuch können Sie sanft über entzündete Stellen Ihres Tigers streichen. Denn Kamille beruhigt.

Vor allem bewährt ist dieses natürliche Mittel bei entzündeten Augen.

Sollten Sie homöopathische Mittel geben, bitte keine Kamille verwenden!

...Apfelessig

Mischen Sie Apfelessig mit etwas Wasser und tränken Sie auch hier ein Tuch hinein.

Streichen Sie dieses in Apfelessig getauchte Tuch sanft über entzündete Körperstellen (nicht aber die Augen!).

Es gibt kaum ein schneller und besser wirkendes Mittel als Apfelessig bei Entzündungen – denn Apfelessig zieht die Entzündung praktisch aus dem Körper!

Allerdings ist Apfelessig äußerst geruchsintensiv. Und sollte Ihr Tiger von dieser Idee, wenn sie denn erforderlich ist, nicht begeistert sein, so sollten Sie sich auch nicht wundern...

...Olivenöl

Sollte Ihr Kätzchen einmal Probleme mit einer Verstopfung haben, so geben Sie ihm einfach einen kleinen Löffel gutes Olivenöl. Meist sind die Tiger so clever und schlecken dieses direkt ab. Ansonsten können Sie es natürlich auch unters Futter mischen.

Sie werden staunen, wie schnell die Verstopfung erledigt ist – es sei denn natürlich, es gibt eine weitere Ursache für die Verstopfung, womit ich Sie natürlich wieder an den Tierarzt verweisen muß.

Bei Verstopfung selber hat sich aber auch flüssige Sahne ohne Zucker bewährt.

...Massage

Ja, sie lesen richtig! Massieren Sie Ihr Kätzchen! So wie eine Massage uns gut tut, so entspannt sie auch unsere Tiger! Natürlich ist nicht jeder Tiger hiervon wirklich begeistert; aber probieren Sie es sanft und liebevoll aus. Entweder Ihr Pfötchen hält so gar nichts davon – oder es ist so begeistert, daß es sich vor Wonne schon freiwillig auf die Massageminuten freut.

In dieser Hinsicht ist auch eine Pfötchenmassage großartig. Denn wie bei uns die Fußreflexzonenmassage, so ist auch die Pfötchenballenmassage bei den Katzen ein großartiges Mittel, um Blockaden und Verspannungen aufzulösen.

Massieren Sie sanft das Pfötchen, unten die Ballen. Auch wenn Ihr Tiger das Pfötchen wegzieht, sollten Sie weiter massieren. Denn es könnte sein, daß es hier eine Spannung bzw. Blockade verspürt.

Wenn Ihr Tiger allerdings so gar nichts von dieser Idee hält, so sollten Sie es bei dem einen Versuch lassen.

...Aloe Vera

Ein großartiges, natürliches Heilmittel ist auch die Aloe Vera, besser gesagt das wertvolle Gel dieser Pflanze.

Gerade zur allgemeinen Stärkung der Abwehrkräfte, aber auch bei Hautkrankheiten und Verletzungen hat sich die Aloe Vera sehr bewährt.

Zur Stärkung des Immunsystems ist eine orale Aufnahme erforderlich, bei Hautkrankheiten oder zur Wundheilung eine äußerliche.

Es gibt unzählige verschiedene Anbieter von Aloe-Vera-Produkten. Vergleichen Sie, lassen Sie sich beraten, erkundigen Sie sich. Und wählen Sie dann nach dem besten Preis-Leistungs-Verhältnis.

Wichtig ist, was die orale Anwendung betrifft, daß Sie absolut **aloinfreien** Aloe-Vera-Saft verwenden. Gleichzeitig sollte der Saft am besten ausschließlich aus 100% reiner Aloe Vera bestehen.

Zusatzstoffe sollten so gut wie nicht enthalten sein. Und wenn, dann sollten diese weitestgehend aus natürlichen Stoffen bestehen.

Wenn erforderlich, geben Sie Ihrem Tiger täglich, oder auch mehrmals täglich, eine kleine Menge Aloe-Vera-Saft unters Futter, so daß er es noch mag und zu sich nimmt.

Dieser Zusatz wird ihm gut helfen, seine Abwehrkräfte zu stärken, Hautprobleme auszubessern, etc.

Zum äußerlichen Auftragen bei z.B. Hautproblemen können Sie ebenfalls verschiedene Produkte vergleichen und sich beraten lassen. Da unsere Tiger mit großer Wahrscheinlichkeit die aufgetragene Creme o.ä. schnell aufschlecken werden, sollte diese wieder absolut natürlich und frei von künstlichen, schädlichen Inhaltsstoffen sein, ebenfalls aloinfrei.

...Bachblüten

Ich möchte Ihnen hier die Naturheilkunde der Bachblüten ein wenig näher bringen, da sie aufgrund der überschaubaren Anzahl der Mittel relativ schnell verstanden und eingeschätzt werden kann.

Ich persönlich halte die Homöopathie jedoch für tief greifender und mit weitaus mehr Möglichkeiten versehen als die Bachblütentherapie, insbesondere im Hinblick auf körperliche Beschwerden. So ist die Homöopathie aber auch, nicht nur aufgrund der Vielzahl der Mittel und Potenzen, weitaus schwieriger und definitiv nicht ohne weitere Erfahrungen, Kenntnisse und Informationen erfolgreich anzuwenden.

In Fällen, wo Ihr Kätzchen nur kurzfristig und vorübergehend einer kleinen seelischen Unpässlichkeit gegenübersteht, halte ich den Einsatz von Bachblüten jedoch für sehr sinnvoll.

Es gibt 38 Bachblüten sowie die Notfalltropfen.

Bachblüten sind Blüten von Blumen und Bäumen, die als Urtinktur oder als fertige Mischungen bezogen werden können. Für Ihr Kätzchen sollten Sie Bachblüten als fertige Mischung mit Quellwasser bevorzugen, da die sonst üblichen Mischungen mit Alkohol oder Essig verständlicherweise nicht so gerne von den Tigern aufgenommen werden.

Sie bekommen die Bachblüten in der Apotheke; es gibt inzwischen auch fertige Mischungen u.a. im Tierbedarfsfachhandel.

Die Bach-Blütentherapie wurde von dem englischen Arzt Dr. Edward Bach (geb. 1886) entwickelt.

Dr. Bach entdeckte, daß gewisse Blüten auf verschiedene Seelenzustände der Lebewesen einwirken und somit seelische und manchmal auch körperliche Beschwerden lösen und lindern können.

Eine ganz besondere Stellung nimmt Rescue-Remedy (Notfall-Tropfen) ein. Dies ist eine Mischung aus den 5 Blütenessenzen Cherry Plum, Clematis, Impatiens, Rock Rose und Star of Bethlehem.

Diese Notfall-Tropfen sollten wirklich nur im ganz konkreten Notfall gegeben werden! Denn andernfalls kann man eine Art der Gewöhnung erzielen, so daß dieses Mittel im notwendigen Fall der

Fälle nicht mehr so greifen kann wie sonst möglich bzw. erforderlich. Konkret bedeutet dies: in lebensbedrohlichen Situationen! Rescue-Remedy kann einem kranken Körper den Impuls geben, die Lebenskräfte noch einmal zu mobilisieren. Es wird immer wieder berichtet, daß dieses Mittel direkt nach schweren Unfällen gegeben wurde und so die Zeit überbrücken konnte zwischen Unfallgeschehen und dem Eintreffen der lebensrettenden Hilfsmaßnahmen. Ich selber kann dies nur bestätigen – es hat schon einigen Vögeln (...) und auch Igeln das Leben gerettet. Genauso aber erleichtert Rescue-Remedy dem nicht mehr lebensfähigen Körper in vielen Fällen das sanfte, schmerzlose(-re) Einschlafen, das Loslassen, den Abschied von dieser Welt.

Dosierung und Gaben von Bachblüten

Geben Sie im konkreten Fall 4mal täglich jeweils 4 Tropfen untergemischt in eine kleine Menge Lieblingsfutter, oder tröpfeln Sie diese direkt auf das Vorderpfötchen, sodaß das Kätzchen beim Putzen die Bachblüten aufnimmt. Helfen die Bachblüten Ihrem Tiger, reduzieren Sie die täglichen Gaben, bis es dem Tiger gut geht. Länger als 1 Woche sollten aber keine Gaben notwendig sein.

Sie können auch eine Mischung von bis zu 4 Bachblüten auf einmal geben bzw. von der Apotheke mischen lassen. Eine Gabe aber entspricht immer 4 Tropfen gesamt.

Im wirklichen Notfall geben Sie Rescue-Remedy mit der Pipette (auf dem Fläschchen vorhanden) sanft am besten direkt (seitlich) ins Mäulchen. Läßt der Tiger dies nicht zu, können Sie die Tropfen auf Ihren Finger träufeln und diesen so sanft über das Mäulchen streichen, daß die Tropfen auf diese Weise aufgenommen werden können. Rescue-Remedy sollten Sie i.d.R. nur einmalig geben!

Übersicht Bachblüten

Name	angezeigt bei diesen Verhaltensauffälligkeiten:
Agrimony (Odermennig)	Diese Katze ist oft ruhelos und angespannt. Sie fordert Zuwendungen lautstark ein, schreit vor Angst, ist nicht gerne alleine, liebt Gesellschaft. Sie leidet still, braucht Harmonie, gibt schnell nach.
Aspen (Zitterpappel)	Angst vor allem und jedem: Angst vor Fremden, vor vielen Geräuschen, vor neuen Situationen, fremden Tieren, nachts. Diese Katze ist schreckhaft, nervös, nicht gerne alleine. Sie schreit nach Liebe, hat oft eine traurige Geschichte hinter sich. Vor lauter Angst mag sie zittern aber auch mal beißen.
Beech (Rotbuche)	Sie wäre am liebsten Einzelkatze, ist Einzelgänger. Diese Katze ist angespannt, gleichfalls schmerzempfindlich, sowie intolerant und angriffslustig. Sie neigt zu Aggressionen und Anpassungsschwierigkeiten.
Centaury (Tausend-güldenkraut)	Diese Katze möchte einfach nur geliebt werden. Oft hat sie eine traurige Vergangenheit; ein neues Zuhause, neue Menschen, die neue Situation, das „Verlassen-worden-sein" lässt sie sehr leiden, still aber heftig. Sie ist unterwürfig, erduldet alles, wehrt sich nicht, hat oft eine geduckte Körperhaltung. Sie ist sensibel und empfindlich.
Cerato (Bleiwurz)	Unsicher und unentschlossen hängt sie sehr an ihrem Menschen, ist von ihm gar abhängig. Diese Katze kann nicht alleine sein. Sie ist entsprechend anhänglich und wenig selbstbewusst. Ihre Stimmung mag oft schwanken, gleichfalls „erzählt" sie viel und ist neugierig.

Cherry Plum (Kirschpflaume)	Aggressiv, gar gewalttätig, überdreht und dickköpfig ist diese Katze. Sie neigt zu Temperament- und Wutausbrüchen, kratzt und beißt schnell, auch vor Angst, ist nicht gerne alleine, da sie dann Angst hat.
Chestnut Bud (Kastanienknospe)	Das ewige Katzenkind, das nicht erwachsen wird. Diese Katze lernt schlecht und langsam, lässt sich schwer „erziehen", macht immer wieder die gleichen „Fehler". Sie ist ungeduldig, sprunghaft, unaufmerksam und unvorsichtig. Da sie sehr von ihrem Menschen abhängig ist, ist auch sie nicht gerne alleine.
Chicory (Wegwarte)	Diese „Chefkatze" braucht und fordert Aufmerksamkeit und Zuwendungen, muß immer im Mittelpunkt stehen und als erste beachtet werden. Sie ist besitzergreifend, teilt nicht gerne, folgt ihrem Menschen auf Schritt und Tritt. Ungerne ist diese Katze alleine, sie schreit dann aus Protest. Wird sie nicht gebührend beachtet, ist sie sofort beleidigt. Ausgiebige Schmusestunden liebt sie sehr, auch lange Spieleinheiten, nicht aber alleine. Ihr Mensch sollte, nach ihrer Meinung, immer und ständig für sie da sind. Auch hysterisch kann diese Katze manchmal sein.
Clematis (Weiße Waldrebe)	Abwesend, verträumt, verschlafen, lustlos ist diese Katze. Oft zeigt sie an ihrer Umwelt wenig Interesse, so spielt sie auch oft ganz alleine. Diese Katze ist so gut wie kaum ängstlich. Oft verfehlt sie im Sprung ihr Ziel, was dann auch zu Verletzungen führen kann.
Crab Apple (Holzapfel)	Der extreme Putzzwang, die außer-ordentliche Reinlichkeit, sind hier nicht zu übersehen. Sie ist sehr penibel und mag sich gar vor einigen Dingen ekeln. Ständig putzt, leckt und kratzt sich diese Katze, was dann oft u.a. zu Ekzemen führen kann.
Elm	Diese sonst eigentlich starke Katze ist auf einmal ängstlich. Ein plötzlicher,

(Ulme)	unerwarteter Zusammenbruch kann vorkommen. Ausgelöst durch eine extreme Stresssituation ist diese Katze stark aus dem Gleichgewicht geraten, evtl. auffällig nervös.
Gentian (Herbstenzian)	Mangelndes Selbstvertrauen, entmutigt, mutlos, misstrauisch, lustlos, gar apathisch, trifft auf diese Katze zu. Nach schlechten Erfahrungen, die sie nicht verkraftet, meidet sie die entsprechenden Situationen und Plätze.
Gorse (Stechginster)	Sie hat keine Hoffnung mehr, ist erschöpft, oft nach schwerer Krankheit, gibt sich selbst auf, hat keine Kraft mehr, ist apathisch. Nach einer Enttäuschung, einer Trennung, ist diese Katze absolut aus ihrem Gleichgewicht geraten.
Heather (Schottisches Heidekraut)	Diese Katze möchte die permanente Aufmerksamkeit ihres Menschen. Schmusen oder spielen kann sie stundenlang. Sie fordert Zuwendung, steht gerne im Mittelpunkt, alles soll sich um sie drehen. Gleichfalls ist sie egoistisch, auf sich selbst bezogen, möchte immer die erste sein. Schmusen ist ihr liebstes Hobby, alleine ist sie ungern. Sie ist eine sehr verwöhnte Katze, die wählerisch ist, schnell beleidigt und sehr verletzbar. Schnell kann sie unsauber werden, wenn sie, aus ihrer Sicht, nicht genug Zuwendung erhält, oder wenn eine Veränderung in der Familie eintritt.
Holly (Stechpalme)	Sie ist so eifersüchtig, daß sie sich aggressiv anderen Katzen gegenüber verhält, neue tierische Mitbewohner nicht akzeptiert, neidisch ist. Diese Katze ist misstrauisch, mag kaum Vertrauen finden, sie neigt zu Wut, Haß und Aggressionen, ist angriffslustig und auch gewalttätig. Der Futterneid ist stark ausgeprägt, immer drängt sie sich vor. Meist ist sie unzufrieden, unruhig, sehr nachtragend, aber auch schnell frustriert, was auch zu einer Depression führen kann.

Honeysuckle (Geißblatt)	Dieser Katze fallen Veränderungen sehr schwer; sie kann neue Situationen schlecht akzeptieren, verkraftet ein neues Zuhause, einen neuen Halter nur schlecht. Dies kann auch zu Unsauberkeit führen. Sie hat schnell „Heimweh", ist oft melancholisch, wünscht sich die Vergangenheit zurück. Selten spielt sie, streiten tut sie nie. Diese Katze hängt sehr an ihrem Menschen und an anderen Tieren. Kummer und Trauer können ihr den Appetit nehmen.
Hornbeam (Weißbuche)	Müde, lustlos, faul, passiv zeigt sich diese Katze. Sie ist oft unzufrieden und missmutig, kann zu starkem Übergewicht neigen.
Impatiens (Drüsiges Springkraut)	Dieser unabhängige Einzelgänger ist oft ungeduldig, unbeherrscht und gereizt, kann nicht abwarten. Eine sehr aktive Katze, die oft verspannt, unruhig und nervös ist, auch ihr Futter schlingt. Gewalttätige Aggressionen sind möglich.
Larch (Lärche)	Durch ihr mangelhaftes Selbstvertrauen ist diese Katze immer unterlegen. Sie hängt sehr an ihrem Menschen und braucht seine Anerkennung. Neues probiert diese Katze selten aus, empfindlich reagiert sie bei Kritik. Sie hat Schwierigkeiten, sich bei neuen Menschen und Tieren anzupassen, ist auf andere Tiere sehr eifersüchtig.
Mimulus (Gefleckte Gauklerblume)	Angst kennzeichnet diese Katze. Sie hat Angst vor Gewitter, Autos, Tieren, vor Geräuschen, gar Alltagsgeräuschen, vor Gegenständen. Aufgrund dieser Angst ist sie nicht gerne alleine. Diese Angst kann sie auch aggressiv werden lassen, sie viel maunzen und auch beißen lassen. Diese Katze ist schüchtern, scheu und schmerzempfindlich; sie fühlt sich schnell zurückgesetzt.
Mustard (Wilder Senf)	Anscheinend grundlos ist diese Katze traurig, niedergeschlagen, introvertiert, depressiv. Sie zieht sich zurück, schläft viel, hat wenig

	Appetit.
Oak (Eiche)	Die Katze ist nervös und hyperaktiv, beißt sich oft in Sachen hinein. Sie gibt nie auf, auch wenn es zuviel werden könnte. Neue Spielgefährten akzeptiert sie oft schnell und problemlos.
Olive (Olive)	Erschöpfung und starke Ermüdung sind hier charakteristisch, oft nach schwerer Krankheit oder extremem Streß, wenn neue Kräfte aufgebaut werden müssen. Die Entspannung fehlt, meist bei Überbelastung; vor lauter Erschöpfung frisst diese Katze oft kaum bzw. gar nicht.
Pine (Schottische Kiefer)	Diese Katze hat oft eine unschöne Vergangenheit, war vielleicht im Tierheim. Aufgrund ihrer schlechten, gar schlimmen Erfahrungen ist sie scheu; sie leidet offensichtlich. Sie ist vorsichtig und introvertiert, als hätte sie Schuldgefühle. Sofort verzieht sie sich nach einem lauten Wort oder Streit. Oft beugt sie ihren Nacken, leicht lässt sie sich unterdrücken. Ihr Putzverhalten ist gründlich, oft neigt sie zu Übergewicht.
Red Chestnut (Rote Kastanie)	Eine Katze, die sich kümmert, sich um andere sorgt, andere Katzen gerne putzt. Sie ist sehr von ihrem Menschen abhängig, kann daher nicht alleine sein. Gerne übernimmt sie die Mutterrolle, kann daher auch zur Scheinträchtigkeit neigen.
Rock Rose (Gelbes Sonnenröschen)	Die akute Panik, gar Todesangst ist hier nicht zu übersehen. Diese Katze hat panische Angst, ist überängstlich. Vor lauter Panik kann sie aggressiv werden; eine Autofahrt ist ein Alptraum für sie. Bei Fremden versteckt sie sich sofort; durchsetzen kann sie sich mehr schlecht als recht.
Rock Water (Wasser aus Felsenquelle)	Auffallend starr und steif mit Neigung zur Verspannung präsentiert sich diese Katze. Anfassen lässt sie sich kaum, schmusen ist selten angesagt. Ihr Tagesablauf ist streng

	und immer gleich. Wählerisch ist sie beim Futter, frisst aber eher wenig.
Scleranthus (Einjähriger Knäuel)	Die Wechselhaftigkeit ist hier unübersehbar. Apathie folgt auf Aktivität, Heißhunger folgt auf Appetitlosigkeit, Durchfall folgt auf Verstopfung. Diese Katze neigt ebenfalls zu wechselhaften Stimmungen; sie ist sprunghaft, unschlüssig, launisch, unausgeglichen. Sie neigt zum Beißen aus Angst. Eine Hormonumstellung, wie z.B. die Kastration, kann ihr sehr zu schaffen machen.
Star of Bethlehem (Goldiger Milchstern)	Schock, Trauma, körperliche und seelische Verletzungen, Narkosenachwirkungen sind hier die Ursache für psychisch bedingte „Störungen", auch körperlich. Diese „Vorfälle" können auch schon länger zurück liegen. Nach einem Verlust, einem Abschied, einer Trennung kann diese Katze das Futter verweigern, apathisch sein. Sie ist niedergeschlagen, braucht Trost. Sie ist insgesamt und absolut aus dem Gleichgewicht geraten.
Sweet Chestnut (Edelkastanie)	Eine verzweifelte Ausweglosigkeit, Hoffnungslosigkeit, ein seelischer Ausnahmezustand sind hier vorzufinden, so z.B. die Katze, die im Tierheim sehr leidet.
Vervain (Eisenkraut)	Diese Katze ist oft der Chef, der Richter der Gruppe, jedoch eher weisend, selten aggressiv. Sie hat einen starken Willen, der ihre Kräfte auch einmal übersteigen kann. Ihr Tagesrhythmus, den alle anderen Menschen und Tiere einhalten müssen, ist immer gleich. Oft ist sie nervös, verspannt, übereifrig. Sie ist eine dominante Katze, die schnell markiert und aus Protest unsauber ist. Oft hat sie einen hohen Energieverbrauch, frisst daher viel, ohne zuzunehmen.
Vine	Dominant, herrschsüchtig, diktatorisch, arrogant, aufsässig ist diese Katze, gleichfalls

(Weinrebe)	sehr selbstsicher und willensstark. Sie ist der eher aggressive Chef, der weiß, was er will und seinen Willen immer durchsetzen möchte. Eifersucht kann sich in Aggressionen zeigen. Sie markiert gerne und wird aus Protest schnell unsauber.
Walnut (Walnuß)	Veränderungen, wie ein Umzug, die Kastration, Tierheim, ein neues Zuhause, ein neuer „Besitzer" bringen diese sonst ausgeglichene Katze komplett aus dem Gleichgewicht. Sie kann die neue Situation nicht akzeptieren, Anpassung und Eingewöhnung fallen ihr schwer. Nach einem Umzug vermisst sie das frühere Zuhause, Freigänger (wenn in der Nähe) laufen immer wieder zum alten Zuhause zurück.
Water Violet (Sumpf-Wasserfeder)	Eine distanzierte, reservierte, stolze und unabhängige Einzelkatze. Sie sondert sich viel ab, zieht sich im Krankheitsfall zurück. Oft wirkt sie ein wenig arrogant. Wenig Interesse hat diese Katze an Menschen und anderen Tieren. Ein neues Zuhause ist oft nicht einfach für sie.
White Chestnut (Weißblühende Roßkastanie)	Diese Katze meidet erlebte, gefährliche Situationen. Sie vergisst nie, wirkt oft grundlos geistesabwesend. Ein nervöses Kratzen und Beißen ist auffällig sowie ein zwanghaftes Lecken, Pfotenlecken. Ihr fehlt die innere Ruhe; sie scheint wie „blockiert", wenn sie etwas erlernen soll. Sie ist meist stur und lässt sich nur schwer „erziehen".
Wild Oat (Waldtrespe)	Sie weiß nicht, was sie möchte, und sie leidet hierunter. Diese Katze ist sehr aktiv aber unausgeglichen. Ein neues Zuhause, ein „Besitzerwechsel" ist für sie nicht einfach.
Wild Rose (Heckenrose)	Passiv, gleichgültig, resigniert, gar apathisch gibt sich diese Katze. Bei Krankheit scheint sie sich selber aufzugeben.
Willow (Gelbe Weide)	Schnell ist diese Katze beleidigt. Sie erträgt keinen Widerspruch, ist nachtragend, schnell unzufrieden, oft verbittert und launisch,

	häufig schlecht gelaunt. Ihre Eifersucht ist offensichtlich, äußert sich auch in Neid, Futterneid. Sie braucht viel Zuwendung, ist jedoch misstrauisch. Schlechte Erfahrungen machen ihr sehr zu schaffen. Schnell ist sie enttäuscht und frustriert. Diese Katze maunzt oder knurrt gar einfach so vor sich hin.
Rescue-Remedy (Notfall-Tropfen)	Schock, Unfall - nur für den wirklich akuten Notfall! Diese Bachblüten können Leben retten...! Sie können aber auch dem nicht mehr lebensfähigen Körper helfen, sanft Abschied zu nehmen und diese Welt friedlich zu verlassen.

Wenn der Abschied kommt

Nicht umsonst ist dieses mein letztes Kapitel. So traurig dieses Thema ist, so gehört es doch unabdingbar mit zu einem Buch über Katzen.

Denn schließlich gehört auch der Abschied, der Tod, zu einem Leben mit einer Katze.

Sie werden immer hoffen, daß Ihr Tiger ewig lebt, daß er so alt wie nur irgend möglich wird. Und auf einmal ist er doch da, der Augenblick, der Ihnen die Wahrheit unabdingbar vor Augen führt, der Augenblick, den Sie nie erleben wollten, der Augenblick, der einen großen, traurigen und einschneidenden Abschied in Ihrem Leben bedeutet.

Lernen Sie, diese Tatsache zu akzeptieren. Wenn Sie Ihren Tiger mit all Ihrer Liebe in Ihrem Herzen weiter leben lassen, dann werden Sie vielleicht ein wenig besser akzeptieren und einfacher loslassen können.

...Krankheit

Wenn Ihr Kätzchen sehr, sehr krank ist, dann werden Sie sich wohl das erste Mal mit diesem Thema beschäftigen müssen.

Ich meine immer, daß man stets mit allen Mitteln und Möglichkeiten zusammen mit seinem Weggefährten alles Erdenkliche versuchen und gemeinsam kämpfen sollte – solange Ihr Liebling noch genügend Kraft in sich verspürt, noch Lebenswille zeigt, noch sichtbar kämpfen will und kann.

Wenn aber ein Kampf definitiv nicht mehr möglich ist, ja ausweglos erscheint, dann sollten Sie weiter in sich gehen.

Ist da nur noch Qual, Schmerz, Leid? Gibt Ihr Kätzchen vielleicht selber auf?

Überlegen Sie – gibt es wirklich noch Hoffnung? Dann kämpfen Sie!

Wenn aber nicht, dann sollten Sie auf die uneigennützige Liebe in sich hören.

...Alter

Natürlich muß nicht immer eine Krankheit den Abschied vorprogrammieren. Denn irgendwann ist ein Leben auf ganz normale, natürliche Weise zu Ende. So wie die Zeit ihren Lauf nimmt, so wie wir Menschen irgendwann unseren letzten Tag erreichen, so wird auch irgendwann Ihr Tiger irgendwann den Zeitpunkt seines Abschieds von dieser Welt erreichen.

...Vorbereitung

Und wenn dieser ganz natürliche Zeitpunkt gekommen ist, dann wird Ihr Kätzchen sich langsam aber sichtbar auf diesen Abschied vorbereiten.

Sie werden es bemerken, Sie werden es fühlen. Ihr Tiger wird ruhiger werden, sich immer mehr zurückziehen, und doch immens Ihre Nähe immer wieder fordern. Vielleicht stellt er automatisch von sich aus jegliche Nahrungsaufnahme ab, bleibt einfach liegen – und wartet. Die Atmung kann langsamer und flacher werden. Der Körper „fährt runter".

So traurig dieser Zeitpunkt ist, so gibt es doch in diesem Zusammenhang nichts „Schöneres", als wenn ein Mensch oder ein Tier ganz natürlich friedlich zu Hause, in seiner gewohnten Umgebung, gestreichelt von seinen geliebten Menschen glücklich und zufrieden nach einem langen, erfüllten Katzenleben einschläft. Für immer.

Und wenn mir jetzt die Tränen kommen, und wenn ich natürlich gerade ganz intensiv an unseren Satan denke, der trotz seiner Krankheit doch auf diese ganz natürliche Weise so liebevoll von uns Abschied genommen hat, so ist dies doch immer noch das Beste, was einem Mensch oder einem Tier in dieser Hinsicht passieren kann.

Akzeptieren Sie, daß der Abschied kommt. Seien Sie froh und glücklich, daß Ihr Tiger so friedlich gehen kann, ohne Schmerzen, nur voller Glück und Zufriedenheit. Geben Sie ihm in seinen letzten

Stunden noch einmal all Ihre Liebe – und Sie und Ihr Tiger werden diese Liebe auch später noch für immer in Ihren Herzen tragen.

Und lassen Sie los, lassen Sie Ihr Kätzchen in Ruhe und mit aller Liebe gehen.

...Entscheidung

Ich nenne es oft den "letzten Liebesbeweis" an eine Katze.

Die letzte Entscheidung, die Entscheidung, die Sie vielleicht doch irgendwann für Ihre Katze treffen müssen, ja dies ist tatsächlich der letzte, tiefe Liebesbeweis, den Sie Ihrer Katze geben können.

Die Situation ist immer schlimm, traurig, quälend. Meist haben Sie von Ihrem Tierarzt eine Diagnose erhalten, Ratschläge, und er wartet jetzt auf Ihre Entscheidung. Sie alleine müssen nun für Ihren Tiger entscheiden, es liegt alleine in Ihrer Hand.

Und nie wird es Ihnen leicht fallen, nie werden Sie sofort wissen, was zu tun ist.

Nehmen Sie sich in Ruhe Zeit! Gehen Sie in sich, versuchen Sie zu fühlen, zu erspüren.

Handeln Sie dann absolut im Sinne Ihres Samtpfötchens. Wenn da nur noch Qual, Leid, Schmerzen sind, keine Hoffnung mehr gegeben, dann werden Sie für Ihr Kätzchen entscheiden müssen.

Und wenn Sie ganz tief in sich hineinhorchen, dann können Sie vielleicht spüren, was Ihre Katze sich jetzt wünscht. Und hiernach sollten Sie dann handeln.

Aus tiefer Liebe zum Ihrem Tiger, Samtpfötchen genannt.

Danke an diese wundervolle Zeit, die wir beide gemeinsam erleben durften. In meinem Herzen wirst du immer weiter bei mir sein. Ich werde dich nie vergessen. Du hast mein Leben so unendlich bereichert.

Kirsten Schulitz im Internet:

www.Katzensprechstunde.de
Ganzheitliche Katzenberatung:
Katzenpsychologie und -homöopathie, Bachblüten, Katzenernährung

www.Katzenmagie.de
Katzenratgeber von Kirsten Schulitz